일 잘하는 사람은

철학적으로 생각한다

"TETSUGAKU" SHIKOHO DE TOTSUZEN ATAMAGA YOKUNARU!
by Hitoshi Ogawa

일 잘하는 사람은 철학적으로 생각한다

철학적 사고로 문제를 해결하자

새로운 아이디어를 전 세계 사람들에게 소개하는 '테드TED'라는 프로그램이 최근 인기다. 'T'는 테크놀로지, 'E'는 엔터테인먼트, 'D'는 디자인의 앞 글자를 조합한 것이다. 테드는 글자 그대로 테크놀로지를 중심으로 새로운 발상을 개척하고 있다.

많은 사람이 테드에 열광하는 이유는 세상을 변화시키는 새로운 발상을 소개하기 때문이다. 경제적으로 이미 성숙기에 들어선 일본에서도 혁신의 필요성은 절실하다. 혁신을 위해 이전과는 전혀 다른 새로운 발상이 필요하다.

나는 이 책에서 나의 전문 분야이기도 한 철학과 테드를 활용하여 새로운 발상을 만들고자 한다. 이른바 '페드PED'다. 페드의 'E'와 'D'는 테드와 같지만, 'P'는 '철학philosophy'을 의미한다. 철학을 활용하여 새로운 발상을 만들어 낸다는 의미다.

철학을 비즈니스나 학업 등에 활용해 보려는 시도는 이전 책《철학자의 뇌를 훔쳐라》를 통해 이미 시험한 바 있다. 책을 읽은 독자들은 철학적 사고가 비즈니스에도 응용될 수 있으며, 동시에 유효하다는 사실을 알게 될 것이다.

이번에는 아직 많은 사람이 모르는 30가지의 새로운 사고법을 제시하려고 한다. 목차에도 나와 있지만, 요즘 추세와 철학적 지식을 한 쌍으로 묶어 핵심만 뽑아냈다.

그렇다고 비즈니스 안에서 사용되는 기술적 용어를 설명하지는 않았다. '그것을 어떻게 사고로 연결할 수 있을까?'가 포인트다. 새로운 사상이나 사건의 본질에 대해 개개의 기술과 현상을 넘어선 보편적 사고로 제시하고자 했다.

최첨단 테크놀로지뿐만 아니라 우리 주변의 일상에도 사고법에 활용할 다양한 요소가 들어 있다. 이것 역시 사고법으로 재구성해 보려 했다.

비즈니스 문제는 MBA 법칙으로 해결할 수 있다. 하지만 인생의 다양한 문제는 그리 간단하게 해결되지 않는다. 철학적 고찰이 필요하다. 이 책은 그러한 독자들의 요구를 고려했다.

부록을 빼면 본문은 모두 30개 장이다. 하루에 한 장씩만 읽어도 한 달이면 철학적 사고법을 완전히 정복한다. 한 달 만에 무언가를 변화시킬 수 있다니, 멋지지 않은가? 지식을 얻으려는 사람들에게 가장 새로운 사고법을 소개한다. 오늘부터 시작하자!

오가와 히토시

CONTENTS

<부록>

새로운 생각을 만들어 내는 열 가지 레슨 •199

WEEK
1

테크놀로지를 사고의 도구로 삼다

: 정보를 강력한 무기로 쓰자

접속하며 확산하다

: 클라우드화 [클라우드 - 들뢰즈]

• 질 들뢰즈 •

Gilles Deleuze,
1925~1995

프랑스 철학자며 사회학자

인터넷 시대에 활용할 수 있는 사상이란?

클라우드는 클라우드 컴퓨팅을 뜻하는 IT 업계 용어다. 사용자가 인터넷의 서버를 매개로 작업하는 시스템을 가리킨다. 다양한 서비스가 마치 구름 속에 있는 듯한 모습을 연상시킨다.

클라우드의 특징은 인터넷에 서버가 존재한다는 점이다. 개인 유저의 컴퓨터 능력이나 데이터 양은 크게 문제되지 않는다. 그보다는 네트워크를 얼마나 활용할 수 있느냐가 더 중요하다. 클라우드는 데이터를 '소유'에서 '이용'으로 변화시킨다.

인프라처럼 인터넷의 서버를 이용하면 컴퓨터 하나만으로도 엄청난 작업을 할 수 있다. 구텐베르크의 활판 인쇄술 덕분에 누구나 쉽게 책을 읽는 사회로 변화된 것과 비슷하다. 학력이나 가문에 상관없이 누구나 성공할 수 있는 세상이 온 것이다. 지금 이 순간에도 클라우드 발상을 활용한 비즈니스는 계속해서 탄생하고 있다.

일단 클라우드화되면 작업 가능성이 문자 그대로 네트워크 모양으로 펼쳐진다. 인터넷은 열린 세계다. 인터넷에서 만든 작업은 전 세계로 확산된다. 어떤 것이 처음 줄

기였는지 모를 정도로, 하나의 줄기가 아닌 펼쳐진 가지를 따라 무수히 팽창한다.

프랑스 사상가 들뢰즈는 네트워크에서 모든 것이 팽창되는 모양을 '리좀'이라고 불렀다. 리좀은 원래 뿌리줄기를 가리키는 단어로, 굵은 줄기에서 가느다란 가지로 뻗어 나가는 나무와 대치되는 개념이다. 클라우드는 끝과 시작, 중심도 없는 리좀과 많이 닮았다.

리좀은 양옆, 위아래로 자유롭게 움직이며 새로운 종을 만들어 낸다. 이 부분도 클라우드와 많이 닮았다. 네트워크에서 이루어진 만남이 새로운 비즈니스 기회가 되듯이 말이다.

다른 사람의 힘으로 성공하기

클라우드 방식을 사고법에 응용해 보자. 먼저 고도의 기능, 대량의 데이터를 혼자 준비하지 않아도 되는 클라우드의 장점을 활용해 본다. 어떤 일을 할 때 혼자 모든 재료를 준비하거나 능력을 키우기보다 외부의 리소스나 인프라를 이용한다. 재료는 어떤 설비나 사람일 수도 있다.

이렇게 하면 보다 쉽게 새로운 작업을 할 수 있다. 초기 자본도 필요 없다. 물론 어느 정도의 노하우는 있어야겠지만, 그렇다고 완벽할 필요는 없다. 클라우드 발상을 활용하면 전문 지식이나 경험도 외부에서 얻을 수 있기 때문이다. 좀 더 일상적인 예로는 친구나 직장 선배, 외부의 전문 서비스를 이용하는 방법이 있다.

이 부분은 완벽주의적이며 겸손을 최고의 미덕으로 여기는 사람에게는 어려울 수 있다. 그래도 클라우드는 초보자가 남의 실력을 이용하여 성공할 수 있는 유일한 모델이라고 생각한다.

MIT 미디어랩의 소장 이토 조이치 씨는 빠르고 쉬운 인터넷을 활용해 발상을 전환해야 한다고 말했다. 준비에 시간을 들이지 말고 당장 시도하라는 것이다. 지금이야말로 기술적으로 가능한 시대이기 때문이다. 그는 '지금 당장 사용하느냐, 아니면 죽느냐'라고까지 표현했다. 클라우드 사고법에도 그대로 적용할 수 있다.

다음은 네트워크에서 반복적으로 접속하는 특징을 응용하는 방법이다. 클라우드는 네트워크를 활용하기에 내가 관심 없는 분야에서도 다른 사람과 계속 만나게 된다. 인터넷상의 정보가 금세 불특정 다수에게 공유되는 것을 보면 이해하기 쉽다. 게다가 시간 역시 아주 짧다.

인터넷보다 간단한 정보 확산 수단은 없다. 의도적으로 어떤 정보를 다른 사람에게 알리는 일은 생각보다 매우 힘들다. 기업 광고나 정치인들의 자기 PR을 생각해 보자. 그들은 보기 좋건, 싫건 자신을 알리기 위해 매우 필사적이다.

클라우드는 혼자서도 외부와 만나게 해 정보를 확산시킨다. 인터넷 사용에만 국한되지 않는다. 같은 설비를 이용하거나 사람을 만날 때도 마찬가지다. 도서관에서 책을 빌리면 대출 이력이 남는다. 누군가에게 절대 말하지 말라고 하지 않는 한 금방 소문이 퍼진다.

우리가 의식하지 못할 뿐 정보는 아무리 잡아 두려 해도 퍼져 나간다. 사람들이 정보 누설에 신경 쓰는 이유다. 클라우드 사고법은 이러한 정보의 성질을 역으로 이용한다.

마지막으로 외부의 리소스라도 제대로만 활용하면 누구나 성공할 수 있다. 자신에게도 세상을 바꿀 힘이 있다는 사실을 잊지 말자. 문자 그대로 '구름'을 이용하여 '구름 위의 존재'가 될 수 있다.

"오로지 진리로만 꾸며진
생각과 말은 어리석은 것이다."

|

질 들뢰즈

복잡한 프로세스는 No

: 3D 프린터 사고 [3D 프린터 - 칸트]

• 임마누엘 칸트 •

Immanuel Kant,
1724~1804

근대 계몽주의 독일 철학자

실제로 바뀌는 마법

제조업 분야에서는 3D 프린터의 등장으로 혁명이 일어났다. 2차원 데이터를 이용하여 3차원 입체물을 만들어 내게 된 것이다. 이 기술은 1990년대부터 상용화될 거라고 예측됐지만, 개인이 살 정도의 싼 가격으로 프린터가 출시된 것은 아주 최근의 일이다.

3D 프린터의 장점은 쉽게 시제품을 만들 수 있다는 것이다. 금속 프로토타입을 만들려면 적지 않은 돈과 시간이 들지만, 3D 프린터를 이용하면 그 과정이 매우 간단해진다.

어떤 물건을 만드는 시간과 비용이 절약된다는 것만으로도 혁명이다. 하지만 일반 사람들에게는 2차원 그림을 입체적으로 만든다는 즐거움이 더 클 것 같다. 내가 어렸을 때 3D 안경과 세트로 된 '입체 그림책'이 있었다. 그 책을 두근두근해하며 봤던 기억이 난다.

2차원의 무언가가 입체 모양으로 눈앞에 펼쳐지는 것은 실로 엄청난 변화다. 아이들에게는 마법과 다르지 않다. 아니, 어른이 된 지금도 3D 프린터가 실현하는 모습은 마법에 가깝다.

3D 프린터의 마법은 왜 이토록 우리를 흥분시킬까? 바로 실제가 되는 즐거움 때문이다. '입체'란 '실제'를 말한다. 응용할 수 있는 분야도 매우 넓다. 의료계에서는 각 개인에게 맞춘 깁스와 의수 등의 제작이나 수술 전 환자의 장기 모양을 재현하는 데 3D 프린터를 사용하고 있다.

반대로 너무 쉽게 실제 모형을 손에 넣을 수 있어 생기는 문제도 있다. 살상 능력이 있는 총처럼 말이다. 얼마 전에는 일본에서 〈총포 도검류 소지 등 단속법〉 위반으로 체포된 사람도 있었다. '윤리'와 '실용'이라는 관점 사이에서 3D 프린터에 대한 논란은 계속되고 있다.

이상을 실현하는 상상력

그럼 3D 프린터식 발상을 어떻게 사고에 활용할까? 3D 프린터에서 가장 눈에 띄는 점은 입체적으로 만들 수 있다는 것이다. 3D 프린터처럼 생각해 보자. 무엇이든 생생하게 떠올릴 수 있다. 3D 프린터식 사고는 사실적이다.

이런 사고법은 전혀 어렵지 않다. 인간에게는 이미 공

간 파악 능력이 있다. 독일의 철학자 칸트는 인간에게 시간과 공간에 대한 개념이 처음부터 주어져 있기 때문에 사물을 이해할 수 있다고 말했다.

공간 능력은 인간이 태어날 때부터 갖고 있던 기준이다. 이제까지 자유롭게 활용할 기회가 없었을 뿐이다. 3D 프린터처럼 생각하면 인간의 공간 파악 능력도 지금보다 훨씬 예민해지지 않을까?

상상한 물건을 실제로 만들려면 세세한 부분까지 아이디어로 채워야 한다. '입체적으로 만들면 어떻게 될까?'를 고려해야 한다. 인간의 아이디어에는 의외로 비현실적인 발상이 많다. 레오나르도 다빈치가 남긴 설계도 역시 실제 만들어 보면 쓸모없는 경우가 많다고 한다.

3D 프린터는 이러한 문제를 해결한다. 3D 프린터는 수식을 통해 물건을 만들어 내는 것이 아니라, 이미 있는 물건을 프린트한다. 치밀한 계산이 필요 없다. 마치 카메라로 사진을 찍듯 우리가 본 그대로를 충실히 재현해 낸다.

3D 프린트를 사용해 제품 개발에 성공한 싱귤래리티 대학의 아비 레이첸탈 교수는 3D 프린터가 전혀 복잡하지 않다는 점을 장점으로 꼽는다. 이는 3D 프린터 사고법의 특징이기도 하다. 복잡한 프로세스보다는 어떻게 이미지화하는지가 더 중요하다.

치밀한 계산이 필요 없어지면 우리에게 필요한 것은

'입체화하면 어떻게 될까?' 하는 상상력뿐이다. 3D 프린터 사고법에서 가장 중요한 것이 상상력이다. '어떤 물건을 그대로 복사해 낼 수 있다면?' '게다가 지금 당장 가능하다면?' 이제까지는 이 모든 일이 판타지 세계에서만 가능했다. 지금은 당장 해 볼 수 있다. 3D 프린터 사고는 계산을 잘하는 사람보다 상상력이 풍부한 사람에게 더 적합하다.

3D 프린터 사고법은 전혀 어렵지 않다. '내가 좋아하는 물건을 실제로 만들면 얼마나 기쁠까?'만 상상해 보면 된다. 피규어 인형에 이런 소망이 들어 있다. 만화 캐릭터 말고도 피규어로 만들 수 있는 것은 다양하다. 요즘에는 결혼식 사진을 이용하여 신랑과 신부의 피규어를 만들어 주는 서비스도 있다.

죽은 반려견과 똑같이 생긴 실제 크기의 피규어를 갖고 싶어 하는 사람도 있지 않을까? 지금 당장 가능하다. 도쿄 오다이바에 있는 실물 크기의 건담이 인기다. 만약 그만한 크기의 프린터만 있다면 초대형 피규어도 집에서 혼자 만들 수 있을 것이다. 실제 모양과 크기가 완전히 똑같은 F1 레이스 자동차를 만들어 보고 싶지 않은가?

어제까지 불가능했던 꿈을 가능하게 만드는 3D 프린터 사고법의 본질은 바로 여기에 있다. 불가능을 현실로 만드는 사고법이다.

예전에 내가 주최한 철학 카페에서 이 이야기를 하자

참가자 중 한 명이 '그럼 순간 이동도 가능하지 않을까요?' 라고 말한 적이 있다. 인터넷으로 데이터를 보내듯이 3D 프린터를 이용해 아주 짧은 시간 안에 똑같이 재현할 수 있다면 가능할 것이다. 정말 물체가 순간 이동한 것처럼 보이지 않을까? 불가능하다고 생각했던 순간 이동조차 가능하게 만드는 3D 프린터, 대단하다.

대담하게 정보를선택하다

: 웨어러블화 [웨어러블 – 메를로퐁티]

• 모리스 메를로퐁티 •

**Maurice Merleau-Ponty,
1908~1961**

프랑스 현대 현상학과 실존주의 철학자

언제나 ON!

최근 스마트폰 다음으로 주목받고 있는 것이 바로 웨어러블 기기다. '웨어러블'은 '몸에 입을 수 있다'는 의미로, 문자 그대로 몸에 장착하는 정보 단말기를 말한다. 구글이 개발한 안경형 단말기인 구글 글래스(스마트 글래스)와 애플의 손목시계형 단말기인 스마트 워치를 시작으로 운동용 리스트 밴드나 액세서리로도 이용하는 코인형 단말기, 티셔츠, 로봇 슈트 등 다양한 형태의 웨어러블 기기가 개발되고 있다.

스마트폰과 가장 큰 차이는 일부러 스위치를 누르거나 비밀번호를 입력해 로그인하지 않아도 이미 전원이 켜져 있다는 점이다. 물론 스마트폰도 계속 켜 놓는 사람이 있다. 하지만 스마트폰은 기본적으로 전화기다. 46시간 이상 계속 켜 놓을 수 없다. 안경이나 손목시계와 같은 일상의 필수품은 사람이 일어나 활동하는 동안 계속 몸에 지니기에 항상 켜져 있다.

스마트 글래스가 상용화되면 눈을 돌리거나 손을 사용하지 않아도 정보를 검색하고 열람할 수 있을 것이다. 운전 중에 사용할 수 있고, 요리하면서도 레시피를 볼 수 있다. 또한 수술 중에 의사가 모니터를 확인할 수 있다.

스마트 워치를 활용하면 맥박과 혈액을 24시간 자동으로 관리한다. 안경을 쓰지 않는 사람도 시계 정도는 차기 마련이다.

동물이나 인공물에 웨어러블 기기를 부착하면 생태계의 데이터를 얻을 수 있고, 환경도 모니터링할 수 있다. 사고나 범죄 예방에도 도움이 된다.

그렇다고 웨어러블 기기가 편리하기만 한 것은 아니다. 당연히 위험성도 있다. 악용 가능한 요소가 너무 많다. 실제로 이런 기술은 지금까지 스파이용으로 사용되었다. 누구나 이런 기기를 사용할 수 있다면 무서운 세상이 올지도 모른다. 내 주위에 온통 스파이뿐이라니!

스파이라고 하면 비현실적이라고 느끼는 사람도 있을지 모른다. 만약 경찰이나 학교, 가족이 당신의 행동을 전부 감시하고 있다면 어떨까? 당연히 싫을 것이다. 개인의 사생활도 완전히 사라질 것이다.

복잡하게 생각하지 않아도 예상되는 문제는 너무 많다. 먼저 컨닝이 늘고, 운전에 집중하지 못하는 사람도 늘어날 것이다. 어쩌면 포르노를 보면서 운전하는 사람이 생길지도 모른다. 운전자는 영상과 자신의 모습을 겹쳐 볼 것이다. 이처럼 다양한 문제점이 지적된 탓에 일반인용 구글 글래스는 판매가 중지되었다.

신체의 진화

여러 문제를 뒤로하면 웨어러블 기술은 인간의 생활을 크게 변화시킬 가능성이 있다. 나는 웨어러블을 활용한 사고법을 제안하려고 한다. 웨어러블은 간단히 말하면 인간의 몸이 진화하는 것과 같다.

프랑스 사상가 메를로퐁티는 의식과 외부 세계를 연결해 주는 경계가 '몸'이라고 말했다. 우리가 외부 세계에 끼치는 영향도, 반대로 외부 세계로부터 받는 영향도 몸에 따라 변화한다는 것이다.

웨어러블 기술이 신체 일부가 되어 인간을 진화시킨다고 생각해 보자. 그럼 인간 한 명이 외부 세계에 보내는 정보량도 많아질 것이다. 외부에서 받는 영향 덕분에 인간의 의식도 매우 많은 정보를 얻을 것이다.

마치 컴퓨터와 인간이 한몸이 된 것과 같다. 바꿔 말하면, 일상적인 정보가 인간의 뇌에서 처리하지 못할 정도로 많아진다는 것이다. 이때 정보를 어떻게 처리하느냐가 중요하다. 넘쳐 나는 정보 속에서 나에게 필요한 것만을 어떻게 선택할까? 웨어러블 사고법에서 중요한 것은 정보 선택 능력이다.

웨어러블 사고법이 이전과 완전히 다른 부분은 정보 출처에 제한과 한계가 없다는 점이다. 세상의 정보는 무한하다. 우리 주위의 모든 것이 정보가 된다. 한정적이지도 않다.

이제 정보와 만나는 방법이 달라졌다. 구글 글래스를 통해 얻은 정보는 더 이상 특별하지 않다. 문자 그대로 눈앞에 펼쳐지는 풍경과 같다. 풍경에서 정보를 읽어 내는 감성이 중요하다. 웨어러블 사고에는 이런 감각도 필요하다.

덧붙여 말하면, 안경도 쓰지 않고 손목시계도 차지 않는 사람은 어떻게 정보를 얻을까? 나만 하더라도 안경, 시계는 물론 반지도 끼지 않는다. 눈 역시 좋아 콘택트렌즈가 필요 없다. 이런 사람은 SF 영화처럼 몸에 아무것도 걸치지 않아도 화면이 눈앞에 뜨는 세상을 기다리는 수밖에 없다.

사실 이마저도 더 이상 SF가 아니다. 이미 개발되고 있다. '식스 센스'라는 제목으로 테드 프레젠테이션에서 소개된 바 있다. 웨어러블 이후에는 노 웨어러블이 나올지도!

"세계를 발견하려면
기존의 익숙한 수용방식과
단절해야 한다."

|

메를로퐁티

상대의 마음을 움직이다

: 유튜브 이펙트 [동영상 – 베이컨]

• 프랜시스 베이컨 •

Francis Bacon, 1561~1626

영국 경험주의 철학자며 정치인

마약처럼 상대를 끌어당기다

"텔레비전보다 유튜브가 좋다"고 말하는 사람이 늘고 있다. 여러분 중에도 많을 것이다. 최근 화제가 된 영상들을 시간과 장소에 상관없이 언제 어디서나 시청할 수 있는 유튜브는 이미 우리의 일상 속에 완전히 침투했다.

유튜브의 라이벌은 텔레비전뿐만이 아니다. 유튜브에는 개인이 자신의 취향대로 만든 마니아다운 영상도 있고, 소수의 사람에게만 공개되는 영상도 있다. 이런 의미에서 책과 VOD도 라이벌이라고 할 수 있다.

유튜브의 가장 큰 장점은 스스로 영상을 올리고 채널도 만들 수 있다는 점이다. 개인이 영상 미디어의 제공자가 되는 것이다. 유튜브로 돈을 버는 프로 유튜버도 많다.

동영상은 정지된 사진이나 대사보다 시각적으로 훨씬 임팩트가 강하다. 영국의 사상가 프랜시스 베이컨은 인간의 감정을 날뛰게 만드는 '이돌라'라는 개념에 대해 이야기했다. 이돌라는 '우상'으로 번역된다. 종류도 여러 가지다. 그중에서도 '극장의 이돌라'는 어떤 극을 본 직후에 받는 매우 큰 영향을 말한다.

극이 주는 감흥은 매우 크다. 극을 본 직후에는 그 영향으로 인해 세상을 바르게 볼 수 없게 된다. 베이컨은 그런 이돌라를 물리치고 옳은 것을 보아야 한다고 말했다. 하지만 이를 반대로 활용할 수도 있지 않을까?

만약 극을 보고 좋은 영향을 받는다면, 상대에게 극을 보여 주고 그의 마음을 뺏을 수도 있을 것이다. 여기서 말하는 극은 유튜브 영상이다. 여러분 역시 영상을 보고 난 후, 내가 주인공이 된 듯한 기분이 든 경험이 있을 것이다.

요즘은 프레젠테이션에도 간단한 영상을 넣어 청중을 집중시킨다. 이야기를 만들고 음악도 삽입하면 사람들은 마치 홀린 것처럼 내가 준비한 세계에 빠져든다. 이는 인간을 매혹하는 방법이기도 하다. 전혀 나쁜 방법이 아니다. 오히려 사람들로 하여금 새로운 세계에 흥미를 갖게 하는 계기가 된다.

나 역시 유튜브를 통해 매일 새로운 세계와 만날 수 있었다. 특히 유튜브는 영상 하나의 길이가 짧다. 그 결과 아주 쉽게 새로운 세계를 알 수 있다. 바쁘게 돌아가는 현대 사회 속에서 이렇게 짧은 시간은 강력한 장점이라고 생각한다.

이 밖에도 유튜브가 가진 장점은 무궁무진하다. 촬영법이나 영상 편집 기술이 지금보다 더 발전하면 영상을 이용하여 자기를 표현할 기회 역시 더욱 늘어날 것이다. 미국 캘리포니아에 위치한 미래 연구소에서는 성공 필수 조건으로 유튜브 영상 기술을 활용하는 능력을 꼽았다.

그럼 이제부터 유튜브 영상을 어떻게 사고법으로 활용할 수 있는지 살펴보자. 방법은 간단하다. 무엇이든 영상화하는 것이다. 나는 '유튜브 이펙트'라고 이름 붙였다. 사람의 감정이나 머릿속에 있는 이미지는 물론 관념과 같은 추상적인 것도 전부 영상화하는 것이다.

현실을 초월한 발상

어떤 것이든 영상으로 표현할 수 있다면 어떻게 될까? 움직이는 것뿐만 아니라 정지된 것, 눈에 보이지 않는 것도 포함하자. 그러려면 시간을 멈추거나 되돌리는 식의 작업이 필요하다. 현실에서는 일어날 리 없는 일이 영상 속에서는 가능해진다. 이를 사고법에 활용하면 연결할 수 없는 것들을 연결하거나 멈출 리 없는 것들을 멈추는 식의 발상이 나온다. 현실의 제약을 초월한 유연하고 재미있는 발상이 나오는 것이다.

게다가 꼭 영상을 만들 필요도 없다. '이 순간을 영상으로 만들려면 어떻게 표현해야 할까? 다른 사람들에게 어떻게 보여 줄까?'만 고민해도 충분하다. 시간을 영상으로 표현하려 할 때 세상을 바라보기만 해도 지금껏 없었던 강한 충격을 만들어 낼 수 있다. 이것이 '영상 사고법'의 힘이다.

지금까지의 사고법은 사진처럼 정지된 사고법이었다. 움직임이 전제된 영상 사고법은 실제 영상을 사용하는 것과 관계없다. 하지만 근본적으로 다른 발상을 할 수 있다. 기존 사람들은 메시지를 전할 때 하나의 장면만 이용했다. 그런데 이런 사고에서 연속된 여러 장면들을 관련시켜 이용하는 발상으로 전환이 일어났다.

한 장의 사진을 보여 주고 그것을 설명한다고 해 보자. 이때 가장 중요한 것은 그 사진이다. 하지만 이야기가 있는 여러 장면이 연결되면 장면보다 장면 간의 관계성이 더 중요해진다. 중요 장면도 필요 없다. 전체가 하나의 메시지를 만들기 때문이다.

이때 메시지 제공자에게 필요한 것은 영상 전체로 하나의 의미를 전달하는 영화감독과 같은 시점이다. 나도 예전에 영화를 촬영해 본 적이 있다. 영화감독에게는 남들과 다른 독특한 시점이 필요하다. 각각의 요소를 하나의 흐름 속에 배치하여 전체를 재구성하는 시점이다. 직접 연기한 배우도 완성된 영화를 보고 놀라는 일이 있다고 한다. 바로 영화감독만의 특별한 시점 때문이다. 유튜브 이펙트를 활용하고 싶다면 이런 시점으로 세상을 바라보자.

모두의 지혜를 모으다

: 위키피디아의 집단 지식 [위키피디아 – 헤겔]

• 게오르크 빌헬름 프리드리히 헤겔 •

Georg Wilhelm Friedrich Hegel, 1770~1831

독일 정신현상학 철학자

집단 지식을 활용한 사고

위키피디아는 웹상의 백과사전이다. 많은 사람들이 "위키피디아는 부정확하므로 정보의 출처로는 활용할 수 없다"라고 말한다. 하지만 실제로는 매우 자주 이용한다. 내용이 상세하며 수시로 갱신되기 때문이다. 여기서 갱신의 주체는 이 세상 '모든 사람'이다. 누가 쓰든지 아무 문제가 되지 않는다. 이 부분이 가장 재미있다. 출처만 확실히 기록하면 아이들도 정보를 올릴 수 있다. 이만큼 개방적인 사전은 세상 어디에도 없다.

그 결과 정보는 확대되고 더욱 정교하며 치밀해진다. 특정 분야만큼은 아이들이 더 잘 알고 있는 경우도 있기 때문이다. 전문가들의 의견에만 의존하면 지식의 대응 범위에도 한계가 생긴다.

위키피디아 사전처럼 세상 누구나 정보를 올리고 언제 어디서나 업데이트할 수 있게 되면 정보의 출처가 무한에 가까워진다. 이를 '집단 지식'이라 부른다. 일본 속담에 "세 사람이 모이면 문수보살 같은 좋은 지혜가 나온다"는 말이 있다. 그에 비하면 위키피디아는 세 명이 아니라 70억 명이 공동으로 작업하고 있는 것과 같다.

물론 전문가가 아니기 때문에 무책임이나 익명성으로 인한 문제도 생길 수 있다. 하지만 위키피디아 안에서 나름대로 자정해 나가려는 노력을 하고 있다. 그래서 논쟁이나 의혹이 생기기도 한다. 이는 반대로 그러한 단점을 제대로 파악한다면 위키피디아를 신뢰할 수 있는 정보로 이용할 수 있다는 말로도 이해할 수 있다.

독일의 철학자 헤겔은 어떤 일에 문제가 생기면 그 문제를 받아들여서 더욱 발전시킬 수 있다고 주장했다. 바로 변증법이다. 변증법은 위키피디아의 집단 지식과 매우 닮았다. 위키피디아 역시 여러 다른 의견과 새로운 정보가 더해져 더욱 발전하기 때문이다.

나는 위키피디아식 집단 지식을 사고법의 하나로 활용해 보기를 추천한다. 이 방법은 인터넷에만 국한되지 않는다. 학교나 회사, 지역과 같은 실제 세계에서도 충분히 실천할 수 있다.

내가 사용하는 방법은 화이트보드 위의 집단 지식이다. 화이트보드를 복도에 두고 아이디어를 얻는 것이다. 복도를 지나가던 사람들이 떠오른 생각을 화이트보드에 적는다. 화이트보드는 에도 시대에 상소를 받던 투서함과 달리 모든 것이 오픈되어 있다. 그 결과 집단 지식이 된다.

세 가지 요령

위키피디아식 사고법의 첫 번째 단계는 정보를 제시하는 것이다. 처음부터 완벽할 필요는 없다. 그보다 즉시성이 더 중요하다. 현대는 '스피드 사회'라고 한다. 오랫동안 생각하기보다 먼저 아이디어를 내놓고 거기서부터 조금씩 발전시켜 나가는 방법이 더 좋을 수 있다.

우리는 자신의 의견이 틀리거나 비판받는 것을 두려워한다. 그래서 가볍게 말하지 않으려 한다. 신중해지는 것이다. 이는 출처가 확실해 갱신 가능성이 없는 정보일 때에는 적합하다. 예를 들면 정부가 발표하는 재해 정보 등이 여기에 속한다. 이런 정보를 누구나 자기 마음대로 갱신할 수 있게 되면 위험이 커진다. 애매한 정보 역시 혼란을 초래한다.

하지만 위키피디아식 사고법의 대상이 되는 정보는 이런 정보가 아니다. 정보에 따라 어떤 방식으로 생각해야 할지 구별해야 한다. 비즈니스 아이디어는 위키피디아식 사고를 적용할 수 있는 전형적인 예다.

두 번째 단계는 정보를 오픈하는 것이다. 집단 지식을 활용하려면 누구나 접근할 수 있는 상태여야 한다. 다른 사람의 의견을 열린 자세로 받아들일 수 있는 유연함도 필요하다.

가장 이상적인 방법은 누구든지 쉽게 접근할 수 있도록 정보를 인터넷에 공개하는 것이다. 이렇게 하면 수정도 간단해지고, 갱신 이력도 남는다. 위키피디아와 완전히 똑같다.

세 번째는 정보를 공유하는 것이다. 집단 지식으로 얻은 지식은 모두의 것이다. 혼자 독점해서는 안 된다. 이런 발상 없이는 집단 지식이 성립되지 않는다. 함께 생각했으니, 함께 활용한다는 관용 정신이 필요하다. 집단 지식은 공공재이기 때문이다.

여러분 역시 '공공재'라는 말이 친숙하게 느껴질 것이다. 어쩌면 이 세상의 대부분은 공공재일지도 모른다. 한 사람의 힘만으로 만들어지는 것은 거의 없기 때문이다. 다른 누군가의 생각이 여러 형태로 들어가 있다는 사실을 잊지 말자.

위키피디아식 사고에는 관용 정신이 무엇보다 필요하다. 넓은 마음이 없으면 '집단 지식'이라는 발상이 성립하지 않는다. 혼자서만 이익을 얻으려 하면 아무도 자기가 알고 있는 지식이나 정보를 내놓지 않으려 한다. 그러면 자신 역시 누군가의 도움으로 지식을 얻을 수 없게 된다.

앞서 '스피드', '오픈', '공유'라는 세 가지 키워드를 언급했다. 여기에 하나 더 '관용성'이라는 '덕'을 추가하고 싶다. 이 모두가 갖춰져 있어야 위키피디아식 집단 지식을 제대로 활용할 수 있다.

거대하고 무섭지만 파헤치고 싶다

: 공룡 효과 [공룡 - 들뢰즈]

• 질 들뢰즈 •

Gilles Deleuze,
1925~1995

프랑스 철학자며 사회학자

왜 인간은 공룡에 매료될까?

여러분은 공룡을 좋아하는가? "어릴 때는 좋아했다. 아이들이 좋아한다" 등의 대답이 나올 것 같다. 그렇다. 아이들은 누구나 한 번쯤 공룡에 빠지는 시기가 있다. 나도 그랬고 내 아들도 그랬다. 공룡이 나오는 애니메이션이나 만화도 정말 많다. 피규어와 같은 상품도 엄청나다.

특히 영화 〈쥬라기 공원〉이 개봉된 이후 공룡 열풍은 훨씬 진화했다. 과거에 이미 멸종해 버린 공룡이 첨단 과학으로 되살아날 가능성을 확인했기 때문이다. 원래 공룡에 대한 관심은 '거대하다', '무섭다', '지금은 존재하지 않는다'는 세 가지 요소로 구성되어 있었다.

그중 세 번째 요소인 '이 세상에는 더 이상 존재하지 않는다'는 부분이 과학 기술의 발전으로 변화하게 된 것이다. 이는 공룡의 매력을 없애기보다 더욱 매력적으로 만든다. 거대하고 무서운 공룡을 실제로 볼 수 있다니! 아이들은 물론 어른들에게도 흥분되는 일이다.

역시 테드 프레젠테이션에서 본 내용이다. 어떤 과학자들은 달걀에 공룡의 유전자를 넣어 다시 공룡을 소생시킬 방법을 찾고 있다고 한다. '공룡 알'이라고 하면 공상 과학 소설 같은 기분이 든다. 하지만 달걀은 그럴 수 있을 것 같다. 어른인 나도 흥분할 정도다.

재미있는 것은 일본 아이들보다 미국 아이들이 공룡을 더 좋아한다는 점이다. 일본보다 훨씬 많은 공룡 애니메이션이 존재하기 때문일까? 미국 아이들은 공룡에 대해서라면 무엇이든 알고 있다. 공룡 뼈가 자주 발견되어 공룡을 친숙하게 느끼기 때문일지도 모른다. 일단 공룡 뼈가 발견되면 그 자리에 박물관이 생겨 뼈를 눈으로 직접 볼 기회도 얻을 수 있다.

나 역시 미국에 있을 때 박물관에서 공룡 뼈를 본 적이 있다. 당시 유치원생이었던 아들은 공룡을 보고(정확히는 공룡 애니메이션, 피규어, 뼈 등) 커서 '팔레온톨로지스트'가 되고 싶다고 말했다.

사실 당시 나는 '팔레온톨로지스트'라는 단어를 몰랐다. 아들에게 처음 이 단어를 듣고 찾아보니 '공룡을 연구하는 고생물학자'라는 뜻이었다. 어떻게 그 어려운 단어를 알고 있었을까? 아마 애니메이션에서 들었던 것 같다. 미국 아이들에게는 공룡만큼 친숙한 단어일지도 모른다.

'공룡' 하면 역시 거대한 크기가 제일 먼저 연상된다. 미국인들은 큰 것을 좋아하기 때문에 공룡을 동경할지도 모른다. 물론 일본 아이들도 마찬가지기는 하다. 공룡은 아니지만 고질라는 일본에서 처음 만들어졌다.

프랑스 사상가 들뢰즈는 양적 차이를 나타내는 '강도' 라는 개념에 대해 말했다. '끌어들이는 힘'이라고도 번역되는 이 단어는 사람에게 미치는 강한 감흥을 가리킨다. 공룡의 거대한 크기에서 강도가 느껴진다. 그래서 우리를 끌어당기는 것일지도 모른다.

로맨틱만으로 부족하다면?

그럼 매력적인 공룡을 활용한 사고법을 생각해 보자. 이 사고법은 '공룡 효과'라고 부르는데, 거대하고 무섭지만 파헤치고 싶은 신비한 매력을 가진 공룡 효과를 의식한 방법이다. 이것은 인간을 매료시키는 요소이기도 하다. 제품이나 서비스에도 이런 아이디어를 반영해 보는 것은 어떨까? 예를 들어 L 사이즈 이상의 음식을 '공룡 사이즈'라고 이름 붙여 보자. 당연히 포장도 공룡 모양으로 말이다.

공룡 뼈를 직접 발굴해 볼 수 있는 장난감이 있다. 빗으로 모래를 털고 문지르면 공룡 뼈가 나온다. 알을 물에 적셔 두면 공룡이 태어난다는 장난감도 있다. 예전에 초콜

릿 공룡 뼈를 발굴하는 과자를 본 적이 있다. 재미있는 발상이다. 과자 봉지 속에서 고대의 신비를 발견하다니 가슴 두근두근한 일이다.

하지만 지금까지 든 예는 거대하고 무섭지만 파헤치고 싶은, 공룡 효과의 세 가지 요소를 모두 만족시키지는 못한다. 그럼 이 전부를 포함한 것은 무엇일까? 아주 큰 상자 안에 선물을 넣는다. 상자를 열면 커다란 소리가 난다. 하지만 상자 속에는 흙만 들어 있다. 그 흙을 좀 파내자 안에서 반지가 나온다. 거대하고 무섭지만 파헤치고 싶은 공룡 효과! 보통의 반지 선물보다 더 큰 효과를 가져오지 않을까?

눈 속에 반지를 숨겨 선물하는 방법도 있지만, 상자를 이용하면 훨씬 감흥이 크다. 로맨틱만으로 부족하다면 이 공룡 효과를 활용해 보길 권한다.

얼마 전 뉴스에서 공룡 효과를 떠올리게 하는 연구를 본 적이 있다. 게다가 철학적이기도 했다. 학자들은 처음 엄청난 규모로 접근했다 놀라운 결과를 발견했다. 그 후 다시 과거로 거슬러 올라가 결과물을 적용해 보았다. 역사 속 철학자의 두개골을 조사하여 그가 앓고 있던 병을 알 수 있다는 내용이었다. 이 방법으로 데카르트가 갖고 있던 병을 확인할 수 있었다. 어쩌면 데카르트가 앓던 병이 자신의 사상에도 영향을 끼쳤을지 모른다. 이런 접근이 가능하다니! '공룡 철학'이라 불러도 되겠다.

"가상은 실재와 대립하는 허구가 아니라
충분한 실재성을 독자적으로 가진 현실이다."

|

질 들뢰즈

알고리즘을 마음대로 조종하다

: 알고리즘 사고 [데이터 분석 – 하이데거]

• 마르틴 하이데거 •

Martin Heidegger, 1889~1976

독일 실존주의 철학자

중요한 것은 공생

'알고리즘'이라는 단어를 들어본 적 있는가? 알고리즘은 '문제 해결을 위한 순서도'를 말한다. 우리에게 가장 익숙한 형태로는 '플로 차트'를 들 수 있다. 최근에는 컴퓨터를 통한 데이터 분석도 '알고리즘'이라고 말한다.

알고리즘은 9세기 아라비아의 수학자 알 콰리즈미의 이름에서 유래한 단어로 '계산'을 의미한다. 하지만 지금은 컴퓨터 덕분에 데이터 분석까지 할 수 있게 되었다. 현대 세계는 알고리즘에 지배당하고 있다. 모든 것이 컴퓨터 계산으로 움직인다. 존재하는 데이터를 아주 짧은 시간 안에 해석해 낼 수 있다면 세상 무엇이든 예측할 수 있다. 이를 응용한 상품이나 마케팅도 많다.

알고리즘은 뉴스에도 적용된다. 인간이 아닌 기계가 기사를 작성하고 미래도 예측하는 것이다. 데이터 수집과 해석 능력에 한계가 있는 인간에 비하면 컴퓨터가 확실히 더 우수할지도 모른다.

얼마 전 텔레비전에서 금융 거래도 알고리즘에 기초하고 있다는 내용을 봤다. 이미 인간은 전혀 관여하고 있지 않다고 한다. 이 상황이 점점 더 가속화되면 어떤 일이 일어날까? 짐작이 가지 않는다.

컴퓨터가 지배하는 공상 과학 세계를 떠올리는 사람도 있을 것이다. 하지만 이것은 현실이다. 만약 컴퓨터가 전쟁 시뮬레이션을 하다 마음대로 전쟁을 시작해 버리면 어떻게 될까? 등골이 오싹해진다.

다행히 아직까지는 모든 것을 알고리즘으로 대체할 수 없다. 예술은 오직 인간만의 영역이다. 컴퓨터가 할 수 있는 것은 계산뿐 창조는 불가능하다. 중요한 것은 알고리즘과 인간의 공생 관계다.

독일의 철학자 하이데거는 기술을 수단으로 적절히 사용해야 한다고 주장했다. 기술이 발전하면 할수록 인간에게는 그 기술을 지배할 힘이 요구된다. 기술은 혼자서도 발전한다. 하지만 인간의 지배력은 그에 비례해서 발전하지 않는다.

기술은 수단에 불과하다

알고리즘을 어떻게 조정할 수 있을지 생각해 보자. 먼저 알고리즘을 적용할 분야와 그렇지 않은 분야를 명확히 구분해야 한다. 인간의 생명 및 존엄과 관련된 부분은 알고리즘으로 풀어서는 안 된다. '생명 유지 장치를 떼느냐, 마느냐?' 하는 문제나 '사형 제도에 찬성하는가, 반대하는가?'와 같은 문제는 알고리즘으로 절대 결정해서는 안 된다. 생명과 존엄은 인간이 가진 최후의 보루이기 때문이다.

그럼 현실적으로 어떤 서비스가 문제가 될까? 예로 결혼 상대를 매칭해 주는 알고리즘을 들 수 있다. 기계가 인생의 반려자를 대신 골라 주어도 괜찮을까? 기계의 판단이 확률적으로 옳을 수 있다 해도 결과적으로 우리가 정말 행복할까? 사랑과 같은 인간의 감정 역시 기계에 맡겨서는 안 된다.

만약 결혼에 실패했다 해도 자신이 선택했다면 후회는 비교적 적을 것이다. 반대로 컴퓨터가 골라 준 상대와의 사이가 좋지 않다면 언젠가 크게 후회하게 될 것이다.

예술 역시 인간의 영역에 남겨 두어야 한다. 물론 기계도 그림은 그릴 수 있다. 어쩌면 엄청나게 많은 데이터를 분석하여 인간보다 뛰어난 그림을 그릴 수 있을지도 모른다. 하지만 예술과 기술은 다르다. 예술은 영혼과 영감을 표현한다. 영혼이 없는 기계는 영감이 담긴 그림을 그릴 수 없다.

알고리즘에 제동을 걸 시기도 설정해 두어야 한다. 하

지만 그때는 이미 인간이 알고리즘을 이해할 수 없을지도 모른다. 이는 금융 거래에서 매일 일어난다. 아무도 제대로 이해하지 못하는 계산으로 거래가 이루어지는 것이다. 이상하다.

하이데거가 말했듯이 기술은 어디까지나 수단이어야 한다. 수단에 휘둘리기 시작하면 기술은 더 이상 기술이 아니다. 오히려 괴물에 가깝다. 하이데거는 이러한 기술의 본질을 '게슈텔'이라는 단어로 표현했다. 인간의 의지와 상관없이 몰리게 되는 상황을 뜻한다.

공상 과학 영화의 고전으로 손꼽히는 영화 〈2001 스페이스 오디세이〉에서 인간을 무참히 죽이는 인공지능 컴퓨터 '할'이 떠오른다. 알고리즘에 지배당하지 않으면서 알고리즘을 조작하는 것이 인간에게 필요한 알고리즘 사고다.

"가능한 것들이
실제하는 것들보다
우선순위이다."

|

하이데거

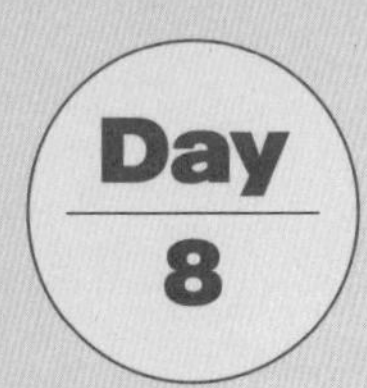

사물 인터넷으로 형식을 읽다

: 사물 인터넷 사고 [IoT – 푸코]

• 미셸 푸코 •

Michel Foucault,
1926~1984

프랑스 현대 철학자며 사회학자

사물 인터넷이 관리하는 생활

얼마 전 IT 업계에서 세상을 변화시키는 기술로 꼽은 것은 '사물 인터넷'이었다. '사물 인터넷'이란 센서를 넣은 물건을 인터넷으로 조정하는 것을 말한다. 예를 들어 가전제품에 인터넷을 연결하면 밖에서도 스마트폰으로 조정할 수 있다.

일본은 아직 그 정도는 아니지만, 해외에서는 이미 다양한 분야에서 활용하고 있다. 공항에서 짐 가방의 분실을 막거나 사람들이 자주 입어 보는 옷을 조사하여 마케팅에 이용하는 방식 등으로 말이다.

만약 주변의 모든 물건에 센서가 들어 있어 나의 행동을 기록한다면 어떤 생각이 들까? 마치 물건이 살아 있는 것처럼 느껴지지 않을까? 더욱이 인터넷에 연결되어 누군가가 그것을 관리하고 있다면? 상상만 해도 소름 끼친다.

프랑스 현대 사상가인 미셸 푸코는 권력의 힘을 파헤친 인물이다. 그는 '파놉티콘'이라는 감옥을 상정하여 보이지 않는 권력이 사람을 감시하고 있을 가능성을 제시했다.

파놉티콘은 '일망 감시 장치'라고도 번역된다. 도넛 모양의 원형 감옥을 중앙 감시탑에서 한 번에 관리하는 모습을 상상해 보자. 하지만 감옥 안에서는 중앙 감시탑이 보이지 않는다. 죄수들은 자신들이 항상 감시받고 있다고 믿어버리게 된다.

이 모습은 센서가 탑재된 물건이 인간의 행동을 감시하는 것과 겹쳐 보이지 않는가? 누군가가 자신의 구매 이력이나 행동 양식을 감시하고 있다면 이상한 행동은 할 수 없게 된다. 게다가 기업들이 대부분의 물건을 생산해 내고 있는 점을 감안해 볼 때, 인간은 그들의 좋은 먹잇감이 될 수밖에 없다. 지금도 사람들은 인터넷을 사용할 때 검색이나 구매 이력에 신경 쓴다. 만약 모든 물건이 인터넷으로 연결된다면 지금보다 더 경계하며 살아야 할 것이다.

미국의 법학자 캐스 선스타인은《넛지》라는 책에서 '자유주의적 개입주의'라는 개념을 제시했다. 인간 스스로 자유롭게 선택하듯이 보이지만, 실제로는 배후에서 정부가 선택을 유도하는 상황을 가리킨다. 레스토랑에서 웰빙 메뉴를 맨 앞에 두면 손님들은 자발적으로 그 메뉴를 선택할지도 모른다. 실제로 그렇게 고르게 만든 것이다. 이것이 자유주의적 개입주의다.

원래 '넛지'란 팔꿈치로 옆구리를 살짝 찌르는 모양을 말한다. 하지만 여기에서는 간접적인 유도를 가리킨다. 사물 인터넷에도 자유주의적 개입주의의 위험성이 보인다.

사물 인터넷은 인간의 생활을 관리한다. 해외에서는

전력 회사가 에어컨 온도를 조절하기도 한다고 한다. 우리는 우리가 눈치 채지 못하는 사이에 기업이나 정부가 원하는 대로 생활하게 될지도 모른다.

형식을 읽어 내자

그렇다면 사물 인터넷을 어떻게 사고법에 활용할 수 있을까? 이 발상에는 두 가지 의미가 있다.

하나는 인간의 행동 이력을 관찰하여 거기에서 형식을 읽어 내는 것이다. 센서가 들어 있지 않아도 이 세상은 이미 인터넷으로 연결되어 있다. 페이스북을 보면 누가 누구의 친구인지 쉽게 알 수 있다. 모든 것이 연결되어 있다는 생각으로 사람이나 사물을 관찰하면 그냥 보기만 해서는 모르는 정보를 손에 넣을 수 있다.

다른 하나는 사물 인터넷의 위험성을 의식해 자신의 행동이 항상 감시당하고 있다고 생각하는 것이다. 그렇게 하면 행동도 신중해진다. 모든 것이 연결된 사회에서는 자신의 모든 행동이 정보의 출처가 된다는 사실을 잊어서는 안 된다. 사물 인터넷의 '사물'에는 우리 인간까지도 포함되어 있다. 어떤 사물의 끝에는 항상 그것을 사용하는 사람이 있기 때문이다. 엄밀히 말하면 '사람 인터넷'일지도 모른다. 그런 의미에서 'IoT'가 아닌 'IoH'라고 바꿔 말해도 좋을 것 같다.

사물 인터넷에만 한정된 이야기가 아니다. 요즘 기업들은 고객의 구매 이력을 저장해 두고 빅데이터로 활용한다. 그래서 현대 사회를 '콘텍스트의 시대'라 불러야 한다고 주장하는 사람도 있다. 테크놀로지 저널리스트인 로버트 스코블과 셸 이스라엘이 그들이다. 그들에 따르면, 웨어러블 기기와 사회 관계망 서비스를 통해 개인 정보가 인터넷상에 축적되고 있다고 한다. 컴퓨터는 그 정보를 기초로 개개인에게 적합한 서비스를 제공한다.

'콘텍스트'란 '배경'을 의미한다. 모든 사람의 배경이 컴퓨터에 저장되면 어떤 참견꾼이 내 행동에 간섭할지도 모른다. 정보 사회에서 살아가기 위해서는 인터넷상의 정보를 적극적으로 활용해야 한다. 이와 반대로 정보의 먹잇감이 되지 않도록 경계도 해야 한다. 이런 사고 모두가 필요하다.

"자기를 배려할 줄 아는 삶은
자기만의 스타일,
자기만의 미학을 갖게 된다."

|

푸코

WEEK
2

주변 사물을 사고의 도구로 삼다

: 아이디어로 승부하자

다양한 결론을 생각해 두다

: 마킹 사고 [포스트잇 - 후설]

• 에드문트 후설 •

Edmund Husserl, 1859~1938

독일 현대철학자, 현상학 철학자

붙였다 떼기!

요즘 사람들은 메모보다 훨씬 편리한 포스트잇을 자주 사용한다. 포스트잇은 간단히 마킹할 수 있다. 또한 쉽게 붙였다 뗄 수 있어 그룹을 나누거나 비슷한 아이디어를 제외하는 데 유용하다. 포스트잇을 이용하면 아주 대담한 결론을 낼 수 있다.

자유롭게 아이디어를 제시하는 '브레인 스토밍'이라는 기법이 있다. 적절한 의견인지 아닌지는 일단 차치하고, 먼저 최대한 많은 의견을 내놓는 방법이다. 이때도 포스트잇을 유용하게 사용할 수 있다. 커다란 보드나 종이에 다양한 아이디어를 붙여 두었다가 비슷한 의견은 겹쳐 붙이는 식으로 정리해 가는 것이다. 그러면 마지막에 단 하나의 의견만 남는다.

요즘에는 매직 테이프도 인기다. 모양도 여러 가지다. 주로 수정용으로 쓰이기 때문에 테이프 위에 글씨도 쓸 수 있다. 쉽게 뗄 수 있고 테이프 위에 마킹할 수도 있다. 매직 테이프도 포스트잇처럼 사용할 수 있다.

포스트잇과 매직 테이프 모두 마킹할 수 있다는 점이 가장 매력적인 부분이다. 마킹은 다양한 정보와 아이디어를 제시한 다음 그것들을 하나씩 정리해 나갈 때 특히 유용하다.

이러한 방식은 영국의 사상가 프랜시스 베이컨이 제시한 귀납법과 매우 비슷하다. 귀납법에서는 각각의 데이터를 기초로 논리를 만들어 나간다. 확실한 결론에서 시작하는 연역법과 반대되는 사고법이다.

머릿속에서 이러한 마킹 사고를 시험해 보면 어떨까? '마킹'이란 잠깐 적어 두는 것을 의미한다. 우리는 보통 여러 개의 결론을 내리지 않는다. 그러면 가장 좋은 아이디어를 선택할 수 없다.

마치 포스트잇이나 매직 테이프를 붙이듯이 머릿속에서 여러 개의 잠정적인 결론을 생각해 보는 것은 어떨까? 그것들을 하나씩 정리하면서 불필요한 것은 떼어 내고, 더 필요한 정보는 위에 마킹하는 것이다. 방법도 간단하다. 먼저 머릿속에 물리적으로 포스트잇이나 매직테이프를 붙이는 이미지를 떠올리면 된다.

행복한 사람의 뇌는 평소 있었던 일을 머릿속에 쉽게 재현할 수 있다고 한다. 그만큼 인간의 사고는 매우 시각적이다. 최근 즐거웠던 경험을 떠올려 보자. 그리고 그 위에 포스트잇이나 매직 테이프를 붙였다 떼는 이미지를 상상해 보자. 새로운 방식으로 생각할 수 있을 것이다.

한 번에 정답을 내리지 말자

마킹 사고의 장점은 결론이 잠정적인 것에 있다. 마킹 사고에서는 포스트잇을 떼듯 언제든지 아이디어를 폐기하거나 위에 덮어 쓸 수 있기 때문이다. 그렇다면 왜 결론을 잠정적으로 내리는 것이 좋을까?

세 가지 이유가 있다. 첫 번째는 한 번에 답을 내리기보다 신중하게 생각할 수 있다. 두 번째는 다양한 선택지에서 고를 수 있다. 세 번째는 의견을 자유롭게 철회할 수 있다.

첫 번째, 항상 시간에 쫓기는 현대인들에게 신중하게 생각할 수 있다는 점은 그다지 매력적이지 못할 수도 있다. 우리는 최대한 빠른 시간에 정답을 찾으려 한다. 그래서 실패하는 일도 많다. 결론이 잠정적이라는 사실을 깨달으면 다시 한 번 생각해 볼 기회를 얻을 수 있다. 여기서 마킹 사고는 자기 점검이나 실수 예방 장치와 같은 기능을 한다.

독일의 철학자 후설은 모든 사물의 본질을 제대로 인식하기 위해서는 '에포케'가 필요하다고 말했다. 이 개념은 '판단 중지'라고도 번역되는데, 틀린 판단을 내리지 않기 위해 먼저 눈앞의 대상을 괄호로 묶어 보는 것을 말한다.

두 번째, 다양한 선택이 가능하다. 마킹 사고에서 결론은 잠정적이기 때문에 하나의 답을 억지로 찾지 않아도 된다. 마지막 진짜 결론을 내리기 전에 여러 개의 결론을 생각해 보자. 그 안에서 하나를 고르다 보면 마지막까지 장점과 단점을 비교해 볼 수 있다.

물론 결국에는 어느 하나를 골라야만 한다. 하지만 비교할 대상이 있으면 선택이 쉬워진다. 예를 들어 포토그래퍼는 촬영을 마친 후 컴퓨터를 이용해 여러 개의 사진을 쭉 늘어놓고 비교한다. 여러 사진이 놓여 있으면 어느 것이 좋은지 쉽게 알 수 있기 때문이다. 그렇게 하나의 결론을 향해 조금씩 범위를 좁혀 간다.

덴마크 철학자 키르케고르는 '이래도 그만, 저래도 그만'이 아닌 '이것 아니면 저것'이라는 주체적인 결단을 내려야 한다고 말했다. 이를 가능하게 해 주는 것도 마킹 사고다.

세 번째, 언제든지 의견을 철회할 수 있다는 점은 형식에 얽매여 소극적으로 행동하는 일본인에게 가장 도움이 될 것이다. 일본인들은 일단 답을 내놓으면 어떤 문제가 생기더라도 좀처럼 그 의견을 철회하려 하지 않는다. 결국 이러지도 저러지도 못하는 상황에 빠지고 만다. 잠정적 결론이라는 전제는 그런 상태에서 우리를 끄집어낸다. 이로써 유연한 상황을 만들어 준다. 오늘부터라도 가벼운 마음으로 머릿속에 포스트잇이나 매직 테이프를 붙여 보는 것은 어떨까?

"일반적인 생각 속에서는
세상에서 가장 당연한 지식이,
철학에서는 갑자기 신비로서
우뚝 서게 된다."

|

후설

머릿속 캔버스에 그림을 그리다

: 모조지 사고 [모조지 - 로크]

• 존 로크 •

John Locke,
1632~1704

영국 계몽주의 사상가며 경험주의 철학자

아이디어로 '마음속 백지' 채우기

내가 어렸을 때는 모조지를 자주 사용했다. 커다랗고 새하얀 그 종이(보통 788×1,091㎜ 사이즈)가 맞다. 모조지 위에 무언가를 그리다 보면 마치 넓은 바다에 배를 저어 나가는 것 같은 흥분까지 느껴졌다.

이상하게 캔버스가 커지면 사고의 가능성도 커지는 것 같다. 그래서인지 더 다양한 아이디어가 솟아난다. 펼친 면 위에 다양한 관계를 그릴 수 있다는 점 때문일지도 모른다.

인간은 하얀 캔버스 위에 보고 들은 것을 그리며 아이디어를 만들어 낸다. 영국의 철학자 존 로크는 인간의 마음속 백지를 '타블라 라사'라고 불렀다. 타블라 라사는 라틴어로 '아무것도 쓰이지 않은 판'을 의미한다. 존 로크는 모든 인간은 경험을 통해 관념을 형성해 나간다는 점을 말하고 싶었던 것이다.

모조지 위에 아이디어를 하나씩 적고 그것들을 연결하다 보면 나의 '타블라 라사'도 아이디어로 채워지는 듯한 기분이 든다.

모조지는 보통 그룹 활동을 할 때 자주 이용된다. 그 결과 집단 지식이 된다. 어렸을 때 친구들과 함께 왁자지껄 소리를 내며 모조지 위에 무언가를 썼던 기억이 있다. 모조지를 볼 때마다 왠지 가슴이 두근거리는 것은 그 이미지 때문일지도 모른다.

학교에서도 모조지를 더 자주 활용할 수 있는 교육 환경을 만들어야 한다. 누구나 A4 복사 용지를 손에 쉽게 넣을 수 있는 환경을 만드는 것이다. 점심시간에 어떤 아이디어가 떠오르면 바로 꺼내서 사용할 수 있도록 말이다.

책상도 이왕이면 컸으면 좋겠다. 모조지를 완전히 펼칠 수 있을 정도로 커다란 작업대가 필요하다. 미국의 철학자 듀이는 '모든 지식은 도구'라는 도구주의를 주장했다. 그는 유용한 지식을 배우기 위해서는 책상을 작업대로 변신시켜야 한다고 말했다. 이러한 도구주의는 사람들에게 도움이 되는 것이라면 모두 옳다고 생각하는 실용주의로 발전했다.

종이가 클수록 아이디어도 커진다

모조지는 교육에도 큰 도움이 된다. 모든 것이 작아지고 있는 요즘 1미터나 되는 종이를 사용하다니! 이만한 크기는 일반 태블릿에서도 상상할 수 없다. 더욱이 모조지에는 무언가를 붙일 수도 있다.

어른이 되고 나서는 모조지를 사용하는 일도 적어졌다. 브레인 스토밍을 위해 가끔 활용하는 정도다. 포스트잇을 붙이거나 그림을 그리는 등 어렸을 때와 별반 다르지 않다. 그래도 그때처럼 왁자지껄 소란스럽게 소리 내며 작업한다.

나는 모조지에 아이디어를 만들어 내는 힘이 있다고 생각한다. 여기에서는 머릿속에 모조지를 펼치는 모조지 사고법을 제안하고 싶다. 먼저 머릿속에 모조지를 떠올려 보자. 그리고 생각나는 아이디어를 넓은 캔버스에 붙이거나 그려 보자. 그렇게 하나씩 줄기를 만들어 보자. 이때 진짜 모조지를 사용할 때처럼 가운데 테마를 적어 두면 더 좋다.

머릿속에서는 진짜 모조지와 달리 모조지를 어디까지나 넓힐 수 있다. 하지만 여기서는 크기 1미터인 진짜 모조지를 상상해 보자. 캔버스가 너무 넓으면 아이디어를 정리하기 어렵기 때문이다. 이는 진짜 모조지가 1미터인 것과도 관계가 있다. 인간이 어떤 대상을 보고 한 번에 파악할 수 있는 한계가 그 정도이다. 더 이상으로 크기가 커지면 눈을 돌리거나 고개를 움직여야 한다.

커다란 캔버스에 아이디어를 적다 보면 비슷한 의견

이 계속 나오기도 한다. 그래서 그것들을 연결하는 작업도 중요하다. 바로 이 부분이 모조지 사고의 재미있는 점이다. 모조지 사고에서는 어떻게 아이디어를 연결할 수 있는지 항상 고민해야 한다. 여기서 '연결'이란 단순히 관계성을 확립하는 것만이 아니라 비슷한 의견을 하나로 묶는 방식도 포함된다.

모조지는 여러 사람과 함께 아이디어를 낼 때 자주 사용된다. 다른 사람과 이야기할 때 머릿속에 모조지를 펼쳐 두면 집단 지식을 얻을 수 있는 토대로도 활용할 수 있다. 다른 사람의 의견을 머릿속 모조지 위에서 정리하는 것이다.

스마트폰 때문인지 요즘에는 모든 것이 작아지고 있다. 사람들의 머릿속도 작아진 것 같다. 아이들이 글자를 점점 작게 쓰게 된 이유도 주변의 모든 도구가 작아졌기 때문이지 않을까? 하지만 아이디어는 큰 종이에 쓸수록 유리하다. 스마트폰 사고에서 모조지 사고로 바꿔 보자!

"인간의 마음은 본래 백지 상태이지만,
개개인의 경험과 교육을 통해
밑그림이 그려진다."

|

로크

아름다움과 실용성을 동시에 생각하다

: 건축가 사고 [설계도 - 비트겐슈타인]

• 루트비히 요제프 요한 비트겐슈타인 •

Ludwig Josef Johann Wittgenstein, 1889~1951

오스트리아 현대 논리철학자며 언어철학자

모든 것은 건축물이 될 수 있다

건축가는 집이나 건물을 만든다. 먼저 치밀한 계산을 통해 평면에 그림을 그리고 실제 만들어 낸다. 직접 건물을 짓지는 않지만, 건축가의 머릿속에는 이미 완성된 이미지가 있다.

이렇게 평면을 공간적으로 이미지화하는 사고법은 다양하게 응용할 수 있다. 입체적으로 생각하는 것뿐만 아니라 각 부분의 구성 방식에 대해서도 고민할 수 있기 때문이다.

환경을 설정함으로써 인간의 행동 양식을 유도하는 것을 '아키텍처'라고 한다. 원래 아키텍처는 '건축'을 뜻하는 영어 단어다. 건축가 사고는 실제 건물을 짓는 일 외의 다양한 분야에서 활용할 수 있다.

실제로 짓지 않은 건축을 의미하는 '언 빌트 아키텍처'라는 개념도 있다. 바로 사고 실험 단계를 가리킨다. 이처럼 건축과 사고는 밀접하게 연결되어 있다.

오스트리아 출신의 철학자 비트겐슈타인은 머릿속을 정리하기 위해 집을 설계했다고 한다. 이 집은 '비트겐슈타인 하우스'라 불리며 지금도 존재한다. 또한 프랑스 현대 사상가 데리다가 주장한 탈 구축 개념은 건축 분야에서 활발히 쓰이고 있다.

반대로 무언가를 생각할 때 건축물로 가정해 보면 어떨까? 그러면 구조가 탄탄한 사고를 할 수 있지 않을까? 언제나 느끼지만 건축과 사고는 매우 닮았다. 건축사 책을 읽고 있으면 마치 철학사를 읽는 듯한 착각이 들 정도다.

그럴 수밖에 없다. 건축에는 시대 분위기가 반영되어 있기 때문이다. 중세 기독교의 영향을 받은 고딕 건축과 근대 사회의 현실적인 모습을 닮은 모더니즘 건축 등이 그 예이다.

또한 사고는 한 시대의 분위기를 대표한다. 사상에서 중요한 것은 당시의 분위기를 어떻게 담아내고 어떤 논리로 설명하는가이다. 건축과 사상은 원래 같은 것을 다르게 표현한 것에 지나지 않을지도 모른다.

그렇게 보면 건축가가 사상가이고, 사상가가 건축가라는 말은 너무도 당연하다. 만약 나에게 건축 관련 지식이 있다면 내 생각을 설계도로 표현할 것이다. 지금 당장이라도 하고 싶다. 인간은 누구나 자신의 생각을 눈에 보이는 형태로 만들고 싶어 한다.

그 형태는 문자일 수도 있고, 그림이나 입체물일 수도 있다. 건축 역시 여기에 속한다. 하지만 건축이 특별한 이유는 건축물 안에 사람이 살며 활동하기 때문이다. 건축가는 사람과 관계, 사고와 생활, 사고와 행위의 관계를 고민해야 한다.

공공 건축물의 설계는 유명한 건축가에게 맡기는 일이 많다. 그만큼 공모전도 많다. 이때 중요한 것은 단순한 조형미만이 아니다. 설계 속에 포함된 사상 역시 심사 대상이 된다.

이렇게 보면 2020년 도쿄 올림픽 주 경기장의 건축가로 결정됐던 자하 하디드의 설계는 너무 조형미만 두드러진다는 느낌이 든다. 그녀의 사상은 잘 보이지 않는다. 공사 비용이 너무 많이 든다는 이유로 자하 하디드의 당선은 취소됐다. 하지만 그 과정에서 아무도 그녀의 사상에 대해서는 이야기하지 않았다. 정말 중요한 것은 건축물에 담긴 생각일 텐데 말이다. 나는 건축물을 볼 때 건축가가 이 형태로 무엇을 말하고자 하는 것인지, 항상 그의 사상에 대해 고민한다.

형태를 만들면 아이디어도 구체적으로 변한다

내가 주장하는 건축가 사고의 핵심도 바로 여기에 있다. 무는 생각을 어떤 형태로 만들지 고민해 보는 것이다. 모든 것은 형태가 있다. 상상해 보자. 지금 감정을 형태로 만들면 어떨까? 혹은 공상이 형태가 된다면?

형태로 만들 것을 결정하면 아이디어도 더욱 구체적으로 변한다. 단순한 도해와는 다르다. 건축가 사고는 건물에 사람이 들어가 살 수 있어야 하듯 현실적으로 가능한 것을 전제하기 때문이다. 건축이 예술과 다른 이유이기도 하다.

건축가 사고는 생각을 형태로 만들지만 현실적이어야 한다는 조건이 붙는다. 구조를 확실히 계산하고 구성하는 절차가 필요하다. 내구성도 요구된다. 그래서일까? 건축가는 이과 계열의 아티스트처럼 보인다. 어쩌면 건축가 사고라면 문·이과 융합 사고도 가능할 것 같다.

건축가 사고를 활용하기 위해서는 모든 것을 아름답게, 그리고 실제로 이용할 수 있게 만든다는 두 가지 시점이 필요하다. 아름다움과 실용성을 동시에 추구하는 것이다.

강아지 집을 만든다고 가정해 보자. 아티스트는 아주 아름답고 멋있지만 둥근 강아지 집을 디자인할 것이다. 반대로 엔지니어는 기능성에 너무 치중해 삭막하고 기계적인 상자를 만들어 낼 것이다. 여기에 건축가 사고를 넣어 보자. 그러면 아름다움과 기능성이라는 두 마리 토끼를 한 번에 잡을 수 있다. 보기 좋은 데다 살기도 편한 강아지 집이 완성될 것이다.

건축가 중에는 옷을 잘 입는 사람들이 많다. 아마 그들 스스로를 아티스트라고 생각하기 때문일지도 모른다. 앞에서 언급한 자하 하디드도 겉모습만 보면 프로 디자이너처럼 보인다. 뼛속부터 문과 체질인 나는 아티스트가 될 수는 있어도 건축가는 못 될 것 같다. 그래도 건축가 사고만큼은 실천하고 싶다.

맛있다, 싸다, 빠르다

: 삼분적 사고 [3 – 아리스토텔레스]

• 아리스토텔레스 •

Aristotle,
기원전 **384~322**

고대 그리스 철학자며 사상가

혁신을 표현한 숫자

'3'이라는 숫자는 동서양 관계없이 아주 오래전부터 자주 사용됐다. 고대 그리스 철학자인 아리스토텔레스는 '3'을 신성한 숫자로 여겼다. 기독교에는 '삼위일체'라는 말이 있다. '성부'와 '성자'와 '성령'을 한 몸으로 보는 시각이다.

일본에서도 숫자 '3'은 오래전부터 존경의 의미로 사용되었다. 그래서인지 삼심제나 미에 현처럼 '3'이 붙은 단어나 지명이 아직도 많이 남아 있다. 이는 '3'이라는 숫자에 특별한 의미가 있기 때문이 아닐까? 오래전부터 모든 것은 세 가지 차원에서 표현되었다. 두 가지 다른 입장과 그 외 제3의 입장에서 말이다.

사람들은 무언가를 설명할 때 세 가지 이유를 대는 것처럼 '3'을 자주 사용한다. 숫자 '3'이 이해를 돕기 때문이다. 네 가지 이상으로 넘어가면 너무 많아 머릿속에 잘 남지 않는다.

나 역시 숫자 '3'을 자주 사용한다. 이 책에서도 마찬가지다. 아무리 많은 이야기를 하려 해도 결국은 세 가지로 좁혀지게 된다. 특히 말을 할 때 더 그렇다. 대화에서는 기억이 잘 나지 않기 때문이다.

숫자 '3'을 이용하여 설명할 때는 세 가지를 단순히 열거하기보다 서로 다른 요소로 활용해야 한다. 이왕이면 우선순위를 생각하면서 말하면 더 좋다. 간단한 것에서 어려운 것으로, 혹은 기본적인 것에서 응용으로.

여기에서는 모든 것을 '3'으로 나누어 생각하는 삼분적 사고를 제안하려고 한다. 머릿속에서부터 모든 것을 세 종류로 나누어 보는 것이다. 정도의 측면에서 바라보는 방법이 제일 간단하다. 먼저 양극단을 두 가지 요소로 나누고 중간 지점을 세 번째 요소로 삼는 방식이다.

인간의 뇌는 좌뇌와 우뇌로 나누어져 있다. 인간의 몸도 좌우 대칭으로 생겼다. 다르게 생각하면 맨 가운데가 존재한다는 말과 같다. 척추는 인간 몸의 가장 중심에 있다. 머리, 배꼽, 성기도 우리 몸 가운데 있다. 좌우가 대칭적으로 나누어져 있어 중간 지점 역시 생긴다고 할 수 있다.

아니면 성질이 완전히 다른 요소로 나누어도 좋다. 정치적으로는 '좌파', '우파', '중도'라는 형식으로 나눌 수 있다. 만약 사람들의 성격이라면 '엄격하다', '재미있다', '부드럽다'는 식으로도 가능하다.

이때 세 번째 요소는 마치 '그 외'처럼 보인다. 하지만 가장 마지막에 나타나는 제3의 길이기도 하다. 제3의 길은 매우 새롭고 적극적인 의미를 지닌 개념이다. 그래서 '3'은 혁신을 표현하는 숫자라고 할 수 있다. '이 길일까, 아니면

저 길일까?' 고민할 때 나타나는 가운데의 제3의 길. 제3의 길은 상황을 개선한다.

카드 게임에서는 세 번째 카드가 가장 강하다. 야구에서도 3번 타자가 가장 세다. 준비, 발돋움, 점프! 이렇게 세 번째는 강함을 의미한다. 여러분도 이를 의식하면서 모든 것을 셋으로 나누어 보길 바란다.

삼분적 사고는 두 가지를 대립적으로 판단하는 사고에서 빠져나올 수 있게 돕는다. 그만큼 훌륭하다. 삼분적 사고는 이 세상이 진보해 나가는 데도 도움이 될 수 있지 않을까?

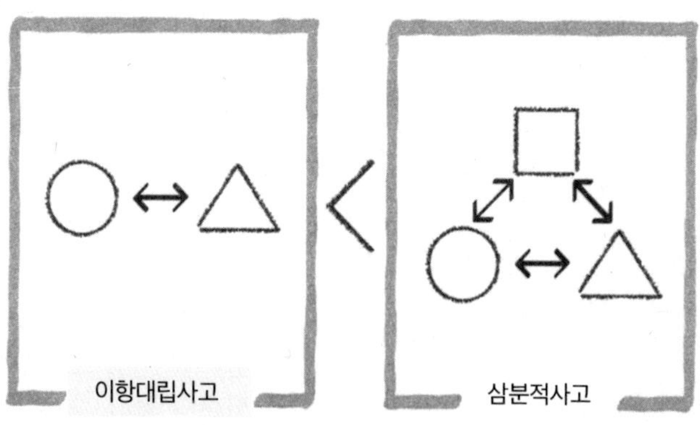

셋이 모여 하나의 힘으로

앞에서 언급한 삼위일체에 대한 내용은 여기에서도 활용할 수 있다. 성부, 성자, 성령은 셋으로 나뉘어 각각 다른 역할을 맡고 있다. 하지만 그 셋은 동시에 하나이기도 하다. 그래서 '삼분적'이라고 부른다. 삼분적 사고는 최종적으로 하나의 목적 혹은 물체를 설명한다. 셋이 하나가 되는 것이다.

내가 사는 곳은 옛날 센고쿠 시대에 활약했던 다이묘(일본 중세 시대의 지방 영주) 중 한 명인 모리 모토나리가 지배했던 지역이다. 지금도 그의 이름이 자주 언급된다. 모토나리가 등장하는 유명한 일화가 있다. 바로 '세 개의 화살'이다.

모토나리는 세 명의 아들들에게 화살 하나를 부러뜨리라고 말했다. 아들들은 아주 간단히 화살을 부러뜨렸다. 다음에는 화살 세 개를 부러뜨리라고 말했다. 화살 하나는 쉽게 부러뜨릴 수 있지만, 세 개가 모이면 좀처럼 잘 부러지지 않는다. 이 이야기는 세 아들이 서로 힘을 모아야 한다는 교훈을 준다.

삼분적 사고도 이와 매우 닮았다. 하나의 요소는 그다지 강력하지 않다. 하지만 셋이 모이면 강한 설득력을 갖게 된다. 예전에 일본식 쇠고기 덮밥인 규동 체인점 요시노야에서 '맛있다, 싸다, 빠르다'라는 문구로 광고를 한 적이 있다. 맛있어야 하는 것은 당연하고 가격도 싸며 신속해야 한다. 세 가지 요소를 합하자 아주 매력적인 음식이 탄생했다. 결국 요시노야는 큰 성공을 이루었다. 물론 각각의 요소는 하나의 규동을 설명한다.

우리 역시 요시노야처럼 절대로 빠져서는 안 되는 요소에 대해 고민해야 한다. 각각의 요소들이 모여 하나의 힘이 된다는 생각 역시 잊지 말자. 물론 세 가지 요소는 모두 달라야 한다. 그렇지 않으면 셋을 합쳐도 위력이 그다지 강해지지 않는다.

세 요소는 서로를 보완하며 하나의 큰 힘을 이룬다. 이것이 삼분적 사고의 가장 큰 장점이다. 어린이들을 대상으로 하는 히어로 만화에서도 특성이 다른 세 명이 한 팀으로 구성된 경우를 자주 볼 수 있다. 셋의 팀워크가 잘 맞으면 적을 쉽게 무찌를 수 있다. 자기들끼리 다툴 때는 적에게 지고 만다. 이런 식의 에피소드는 항상 등장한다.

삼분적 사고로 이 책의 슬로건을 만든다면 이런 느낌일 것이다. "유익하다, 알기 쉽다, 재미있다!" 셋이 모이니 확실히 강해 보이지 않는가?

맨 처음에 클라이맥스를 배치하다

: 바람잡이 [코미디 - 깁슨]

• 제임스 깁슨 •

James Jerome Gibson, 1904~1979

미국 신경심리학자

맨 처음 모든 것이 결정된다

'시작이 좋으면 중간까지 좋다'는 말이 있다. 시작만 제대로 하면 중간까지는 안정적으로 유지된다는 말이다. '끝이 좋으면 다 좋다'처럼 모든 것이 완전히 역전될 정도로 좋지는 않지만, 그래도 중간까지는 성공이다.

일의 시작이 얼마나 중요한지는 여러분도 이미 알고 있을 것이다. 달리기 경주를 떠올려 보면 쉽게 이해할 수 있다. 스타트가 좋으면 어쨌든 중간까지는 1등을 노려 볼 수 있다. 어쩌면 1등 그대로 골인할 수도 있다.

이는 코미디에서 흔히 '바람잡이'라고 말하는 사람과 비슷하다. 바람잡이는 다음 퍼포먼스로 매끄럽게 진행되도록 맨 처음 분위기를 띄우는 사람을 가리킨다. 마찬가지로 비즈니스 프레젠테이션에도 적용할 수 있다. 물론 코미디에서의 바람잡이하고는 약간 다르다. 처음에 충격을 줄 필요는 없다. 하지만 조금이라도 상대방의 관심을 끌어야 한다는 점에서는 매우 비슷하다.

미국의 지각 심리학자 깁슨은 지각이 행동을 유도한다고 주장했다. 그리고 그 기능을 '어포던스'라고 불렀다. 예를 들어 우리는 빨갛고 커다란 버튼이 있으면 누르고 싶어진다. 손잡이가 있으면 잡고 싶은 심리다. 어포던스는 이러한 효과를 가리킨다.

바람잡이는 어포던스와 매우 닮았다. 하지만 바람잡이는 시각적인 면 외에서도 유용하다. 어포던스는 '제공하다'라는 의미의 동사 '어포드'에서 유래했다. 바람잡이가 만들어 놓은 분위기는 사람들이 이야기에 빠져들기 쉽게 만든다. 이런 의미에서 바람잡이가 어포던스 기능을 만들어 낸다고 할 수 있다.

바람잡이는 어디에나 활용할 수 있다. 여기에서는 바람잡이 역할을 활용한 바람잡이 사고법에 대해 이야기하고자 한다. 인간은 변화가 없는 정보를 잘 받아들이지 못한다. 단조로운 이야기에는 그다지 관심을 가지지 않는다. 주의를 끄는 변화가 없으면 돌아보려고 하지 않는다.

우리는 인간이 원래 그런 존재라는 전제를 가지고 시작해야 한다. 그리고 생각하는 방법을 다시 세워야 한다. 사람들과 만나 이야기할 때도 임팩트가 없으면 기억하지 못한다는 전제를 기억해야 한다. 이는 영업 사원이 자신의 얼굴을 쉽게 기억하게 만드는 데만 유용한 것은 아니다. 중요한 사실을 전달할 때도 도움이 된다. 평범하게 말해서는 아무도 기억하지 않는다. 이처럼 바람잡이 사고법은 매우 새로운 방식의 생각법이다.

사람들은 대단한 것을 보았거나 엄청난 일이 일어났

을 때처럼 충격을 받으면 새로운 것에 관심을 가진다. 아무리 좋은 이야기라도 상대방의 관심을 얻지 못하면 존재하지 않는 이야기나 마찬가지다.

반대로 어떤 내용을 말하든지 관심을 갖게 만들 수 있는 사람이 항상 이긴다는 말과 같다. 이 세상에는 무수히 많은 정보가 넘쳐난다. 사람들의 가치관도 다양하다. 그래서 사람들로 하여금 무언가에 관심을 갖게 하는 일은 아주 힘들다. 사람들의 관심을 끌 수 있는 첫 단계를 가볍게 생각해서는 안 된다.

바람잡이 사고법의 구체적인 방법은 무언가를 생각할 때 맨 처음 클라이맥스를 만드는 것이다. 서프라이즈도 좋고 웃겨도 좋다. 바람잡이 효과를 의식하기만 해도 이야기의 흐름을 부드럽게 변화시킬 수 있다.

바람잡이의 세 가지 유형

바람잡이에는 다음의 세 가지 유형을 이용할 수 있다. 첫 번째는 놀라게 하는 유형이다. 이 방법이 가장 쉽다. 소리를 이용해도 좋고 시각적인 효과도 좋다. 어떤 식으로든 상대의 관심을 끌 수 있는 화려한 방법을 쓰면 된다. 하지만 처음 놀라게 한 이후에도 상대로 하여금 계속 내 이야기에 관심을 갖게 할 수 있느냐가 더 중요하다.

단순히 놀라게 하는 것은 누구나 할 수 있다. 그것과 바람잡이는 다르다. 놀라게 하는 행위와 자신이 말하고자 하는 주장이 연결되어 있어야 한다. 큰 소리를 내서 사람들의 발걸음을 멈추게 했다 해도, 그것과 전혀 관계없는 이야기를 시작하면 모두 지나쳐 버릴 것이다.

두 번째는 웃기는 유형이다. 스피치나 프레젠테이션에서 자주 이용하는 방법이다. 웃음이 부드러운 분위기를 만들어 주기 때문이다. 바람잡이에 가장 적당한 방법이다. 웃음을 이용한 바람잡이는 '그럼 한번 들어볼까?'라는 긍정적인 태도를 만들어 준다. 사람들로 하여금 '이야기를 좀 더 들어보고 싶다'고 생각하게 만들려면 이 방법이 가장 좋다. 이 경우도 본격적인 이야기와 바람잡이용 웃음이 관련되어 있으면 더 좋다.

세 번째는 울리는 유형이다. 그렇게 많이 쓰이지는 않는다. 인간은 감동하면 다른 사람의 이야기를 듣고 싶어 한다. 만약 여러분이 누군가를 울릴 수 있다면 그보다 더 좋은 방법은 없다. '누군가를 갑자기 어떻게 울립니까?'라고 반문하는 사람도 있을 수 있다. 하지만 영화 예고편을 떠올려 보면 그렇게 어렵지 않다는 사실을 알 수 있다. 영화 예고편은 고작 1분 만에 사람들로 하여금 눈물을 흘리게 만든다.

인간에게는 누구나 갖고 있는 감동의 키워드가 있다. 그 키워드를 이용하면 더욱 효과적이다. '죽으면 안 돼!'라는 외침이나 '어머니!' 하고 울부짖는 목소리는 사람들로 하여금 슬프고 감동적인 장면을 상상하게 만든다. 짧은 시간에 눈물을 흘리게 할 수 있다. 이런 식의 바람잡이는 영화 업계에서 매우 잘 활용하고 있다.

자기만의 언어로 표현하다

: 단어 만들기 [단어 - 소쉬르]

• 페르디낭 드 소쉬르 •

Ferdinand de Saussure, 1857~1913

스위스 구조주의 언어학자

언어는 세계

'태초에 말씀이 계시니라'는 성서 〈요한복음〉의 맨 앞에 나오는 구절이다. 신이 말로써 세상을 창조했음을 표현한 것이다. 하지만 실제로 언어를 만들어 낸 것은 인간밖에 없다. 인간이 다른 동물들과 다른 점은 언어 능력을 지녔다는 점이다. 인간은 고도의 의사 전달을 통해 문화를 전승할 수 있었다. 언어를 만들어 내는 능력은 인간의 상징이라고 할 수 있다.

우리는 새로운 단어를 만들 때 기쁨을 느낀다. 이러한 감정의 기저에는 인간이 무엇이든 할 수 있다는 생각이 자리 잡고 있다. 단어를 만드는 것은 의미를 만드는 것과 같기 때문이다. 같은 것이라도 이름이 다르면 다른 것이 된다. 단어에 따라 의미가 달라지기 때문이다. 반대로 이름이 없는 것에 이름을 붙이면, 처음으로 의미를 가지게 된다. 결국 단어 만들기는 세계의 창조와 같다고 말할 수 있다.

스위스의 언어학자 소쉬르는 단어의 소리를 의미하는 '시니피앙'과 단어의 뜻을 의미하는 '시니피에'가 합쳐져 하나의 기호 '시뉴'가 된다고 말했다. 단어란 소리와 의미의 조합인 것이다.

소리가 의미를 가리킨다고 결정하면 새로운 단어가 탄생한다. 반대로 같은 사물이라도 다른 소리와 연결하면 다른 것이 된다. 예를 들어 다양한 색이 나오는 펜을 '여러 색 펜'이라 부른다고 하자. '여러 색 펜'이라는 새로운 물건이 탄생한 것과 같다. 이처럼 단어 만들기는 새로운 것을 창조하는 행위와 같다. 억지로 갖다 붙인 설명이 아니다.

나는 새로운 단어를 만들기 좋아한다. 대학원에서 공부를 시작할 즈음 학문, 특히 문과 계열에서 단어 만들기가 매우 중요하다는 사실을 깨달았다. 학문적으로 새로운 개념이 만들어지는 경우가 매우 많다. 거기에 새로운 단어를 붙이려면 어떻게 해야 할까? 외국어를 일본어로 바꾸는 것과 비슷하다. 철학에서는 자주 있는 일이지만, 서구 개념을 일본어로 어떻게 표현해야 할지 고민하게 된다. 어떻게 표현하느냐에 따라 의미도 바뀌기 때문이다.

메이지 시대 학자들은 심하게 고생했을 것이다. 한꺼번에 너무 많은 서구 개념이 들어왔기 때문이다. 그런 의미에서 가장 많은 철학적 단어를 번역한 니시 아마네는 존경할 만하다. '철학'이라는 단어도 그가 만든 말이다. 처음에는 '희철학'이었다고 한다.

신상품을 개발하거나 새로운 서비스를 제공하는 등 비즈니스에서도 단어 만들기는 매우 중요하다. 회사의 사활이 걸린 문제이기 때문이다. 같은 내용이라도 어떤 이름을 붙이느냐에 따라 잘 팔리기도 하고 전혀 팔리지 않기도 한다. 이름만 바꿔도 잘 팔리지 않던 물건이 날개 돋친 듯 팔리고, 전혀 인기가 없던 연예인이 승승장구하기도 한다.

여기에서는 단어 만들기를 사고법의 하나로 활용해 보고자 한다. 예를 들면, 어떤 것을 생각하며 새로운 이름을 붙여 보는 것이다. 물건이나 개념, 어떤 행위도 좋다. 그렇게 하면 우리의 생각도 새로운 무언가를 만들어 내듯이 창조적으로 변할 것이다.

구체적인 세 가지 방법

방법으로는 다음의 세 가지를 들 수 있다. 첫 번째는 패러디하기다. 이미 있는 것을 바탕으로 패러디하면 좀 더 쉽게 이 사고법에 접근할 수 있다. 기존의 단어에 약간의 변화만 주어도 훌륭한 단어를 만들 수 있다. 이때 원래 이름이 가진 의미가 함께 따라오기도 한다. 하지만 그것을 제대로만 활용하면 더 눈에 띄는 결과를 얻을 수 있다.

홋카이도의 명물로 유명한 과자 '하얀 연인'을 패러디

하여 오사카에서 '웃기는 연인'이라는 과자가 나왔을 때 작은 문제가 생겼었다. 하지만 내 마음에는 쏙 들었다. 재미있었기 때문이다. 이런 것은 어떨까? 치과 의사가 만든 '이가 새하얀 연인' 치약 말이다!

두 번째는 조합하기다. 두 개 이상의 단어를 조합하는 방법이다. 예를 들어 은행끼리 흡수 합병되면 양쪽의 이름을 함께 쓰기도 한다. 얼마 전 미쓰비시 도쿄은행이 생겼을 때 나 역시 '풋' 하고 웃고 말았다. '그렇게 다 붙이지 않아도 됐을 텐데' 하는 생각이 들었기 때문이다.

어울리지 않는 단어를 조합하면 의외로 재미있다. 모순되는 단어를 조합하는 것을 '모순 어법'이라 부른다. '기분 나쁜 귀여움'이라는 단어는 '기분 나쁘다'와 '귀엽다'라는 서로 완전히 다른 의미의 단어를 붙인 것이다. 이렇게 단어를 조합하면 임팩트가 생길 뿐만 아니라 '기분 나쁜데 귀엽다'라는 새로운 개념도 탄생한다.

철학에도 이와 비슷한 단어가 매우 많다. 그리고 이런 단어가 좀 더 큰 임팩트를 준다. 그 예로는 일본을 대표하는 교토 학파의 철학자 니시다 기타로의 '절대 모순적 자기 동일'을 들 수 있다.

세 번째는 직관적인 방법이다. 인상이나 영감에 기초한 것이다. 코미디언 기타노 다케시는 가다루카나루 타카나 다마부쿠로 스지타로처럼 이 방법을 이용한 이름을 자주 만든다. 이상한 이름을 가지게 된 제자 입장에서는 조금 곤혹스러울지도 모르겠지만 말이다.

이름은 내용을 표현한다. 이름에는 그 단어의 본질이 들어가 있다. 새로운 단어를 만들면 새로운 의미가 생긴다. 단어 만들기 사고법을 활용하여 나만의 생각이나 개념에 새로운 이름을 붙여 보자.

백 마디 말보다 눈으로 보여 주다

: 시각화 [도해 - 흄]

• 데이비드 흄 •

David Hume,
1711~1776

영국 스코틀랜드 철학자며 경제학자

인간은 눈을 통해 사물을 이해한다

'백문이 불여일견'이라는 말이 있다. 듣기만 해서는 잘 몰라도 실제로 그 모습을 한번 보면 쉽게 이해할 수 있다는 뜻이다. '그림으로 이해하는'이나 '도해'라는 문구가 붙은 책이 잘 팔리는 것도 그 때문이다.

프레젠테이션에서 파워포인트나 시각 효과를 사용하는 것은 이제 당연하다. 요즘은 시각 효과가 없는 이야기는 이해하기 어렵거나 무언가 부족하다고 느껴질 정도다.

현대 사회는 '시각의 시대'라 불릴 정도로 시각적인 면이 강조되고 있다. 전화가 스마트폰으로 발전한 지금은 귀가 아닌 눈이 주인공이 되었다. 이제 전화도 눈으로 보는 시대다. 화소가 높은 태블릿 PC나 화면 액정이 큰 텔레비전, 3D 영화가 이러한 시대의 상징이다.

학교에서도 시각 효과를 고려한 수업을 진행한다. 아이들은 글씨만 가득한 교과서를 싫어한다. 선생님이 설명만 하는 수업 역시 지루하다고 느낀다. 반대로 그림이 많이 삽입된 교과서나 영상 교재를 활용한 수업은 사랑받는다.

이러한 변화의 기저에는 당연히 기술 발전이 있다. 인간은 시각을 가진 동물이다. 인간은 누구나 눈으로 사물을 이해한다. 영국의 철학자 존 로크가 인간은 감각을 통해 관념을 형성한다고 주장한 이후, 이 생각은 영국 경험론자들 사이에서 주류가 되었다.

스코틀랜드 출신의 철학자 흄은 이렇게 말했다. "인간은 지각의 다발이다." 인간은 눈으로 본 이미지의 집합이라는 뜻이다. 조금 극단적이기는 하지만, 인간은 눈으로 직접 보지 않으면 어떤 것을 완전히 이해하지 못한다. 소설을 읽을 때 이미지를 머릿속에 떠올리는 것도 이 때문이다.

여기에서는 시각화를 활용한 사고법을 제안하고자 한다. 다른 사람의 이야기를 들을 때는 물론, 자신의 이야기를 할 때도 먼저 머릿속에 그림을 그려 보는 방법이다. 확실히 이해하지 못하면 그림도 그릴 수 없다. 애매한 언어와 달리 그림의 세계는 명확하다. 세계 어느 곳을 가나 휠체어, 화장실 표시 등은 그림으로 그려져 있는 이유도 이 때문이다. 그림은 세계 공통의 의사 전달 수단으로 사용된다.

머릿속에서 그림을 그린 후에 이야기하면 상대방에게도 더 잘 전달된다. 나도 그림을 자주 활용한다. 생각할 때는 물론 생각을 정리할 때도 그림을 그린다. 나와 상대방 모두 훨씬 이해하기 쉽기 때문이다.

눈에 보이는 것을 스케치하자

몇 가지 구체적인 방법이 있다. 먼저 개념 간의 관계성을 보여 주는 그림을 그리는 방법이다. 이때는 집합을 표현한 벤다이어그램이나 화살표를 활용하면 좋다.

아니면 이미지를 그림으로 만드는 방법도 있다. '합치다'라는 뉘앙스를 표현하고 싶다면 퍼즐 조각이 합쳐진 모양을 그리는 것이다. 움직임을 표현할 경우에는 그래프나 화살표를 이용하면 좋다. 양의 차이를 표현하고 싶다면 저울이나 크기만 다른 그림을 그리자.

이 사고법을 활용하면 그림도 당연히 더 잘 그리게 된다. 또한 어디에나 이 방법을 적용할 수 있다. 그림은 기본적으로 생각의 도구다. 미술 수업은 유치원은 물론 대학에도 있다. 인간은 미술을 진지하게 배워야 한다. 미술은 화가가 될 사람뿐만 아니라 누구에게나 중요하기 때문이다. 고등학교부터는 미술이 선택 과목이다. 하지만 그래서는 안 된다. 미술은 필수 과목이어야 한다.

나는 지금까지 미술 관련 활동을 해 왔다. 미술부 고문을 맡은 적도 있고, 회화와 책 일러스트를 그린 적도 있다. 잡지에 1년 동안 철학자들의 얼굴을 그려 연재하기도 했다. 특별히 피카소에 대한 책을 쓴 기억이 많이 난다.

미술의 기본은 스케치다. 여러분도 시간이 있을 때마다 눈에 보이는 것들을 스케치해 보기 바란다. 지루한 회의 중간이라면 시간을 보내기에 가장 좋은 방법이다. 개념을 그림으로 잘 표현하려면 반복해서 계속 그려 봐야 한다. 한 번에 완벽한 그림을 그릴 수는 없다. 꾸준히 이것저것 그려 보며 조금씩 수정하는 것도 좋은 방법이다.

재미있게도 그림을 수정하다 보면 머릿속의 개념도 변한다. 시각화와 생각은 동시에 이루어지기 때문이다. 시각화와 생각은 같다고 할 수 있다. 내가 시각화를 사고법으로 추천하는 이유도 그 때문이다.

"세상 모든 것은
노동으로 구매된다."

|

흄

WEEK
3

일상을 사고의 도구로 삼다

: 나의 가치를 올리자

욕망을 분출하다

: 망상화 [에로 책 – 플라톤]

• 플라톤 •

Plato,
기원전 428~348년 추정

고대 그리스 철학자

망상은 아이디어의 어머니

인간은 망상의 동물이다. 망상은 단순한 상상이 아니다. 망상은 이유 없이 하는 어떤 생각 혹은 자신의 욕망에 따라 생각을 부풀리는 것을 가리킨다. 후자는 불교에서 말하는 망상이다. 불교에서는 헛된 생각에 붙잡혀 진실이 아닌 것을 진실이라고 오해하는 것을 망상이라고 말한다.

보통 사람들은 망상을 해서는 안 된다고 생각한다. 하지만 아이디어에서만큼은 그렇지 않다. 욕망에 충실하면 보다 자유롭고 재미있는 발상이 나오기 때문이다.

예전에 〈망상 일본 요리〉라는 텔레비전 프로그램이 있었다. 실제 요리를 보여 주지 않고 씹는 느낌 같은 힌트만 제공한 후 외국인들이 그 요리를 만들게 하는 내용이었다. "오해는 발명의 어머니. '정답'을 모르기 때문에 더욱 크리에이티브해진다!"는 프로그램의 슬로건대로, 망상만으로 만든 요리가 원래 요리보다 훨씬 재미있게 변했다. 가끔은 침이 꼴깍 넘어갈 정도로 맛있어 보이는 요리가 만들어지기도 했다.

제약을 없애고 자유롭게 생각할수록 발상은 재미있어진다. 망상을 통해 나온 결과는 보는 사람의 욕망도 자극한다. 사진집이나 VOD처럼 욕망을 주제로 한 상품들이 많다. 이 역시 보는 사람의 욕망을 자극하기 때문에 잘 팔릴 수밖에 없다.

욕망이란 자신이 가지지 못한 것을 추구하는 행위를 말한다. 망상은 사람들의 마음속 깊은 곳에서 진정으로 원하는 것을 의미한다. 고대 그리스 철학자 플라톤이 말한 '에로스'도 이에 속한다.

플라톤은 모든 사물의 본질은 이상 세계인 이데아에 있다고 말했다. 현실 세계에는 없으므로 더욱 추구하게 되는 것인데, 그는 그 에너지를 '에로스'라고 불렀다. 에로스라는 단어를 듣고 성적인 에너지를 떠올리는 사람도 있을 것 같다. 맞는 말이다. '에로'라는 말도 이 에로스에서 유래했다. 그렇다고 추저분한 것을 의미하지는 않는다. 어디까지나 에로스는 현실 세계에 없는 것을 동경하는 행위를 말한다. 나는 에로스를 망상 에너지의 하나라고 생각한다.

망상 에너지는 성적인 부분에만 한정되지 않는다. 인생의 꿈을 생각해 보자. 멋진 직업을 가지거나 동경하는 나라에서 사는 이미지를 떠올려 보자. 이것도 에로스에 기초한 망상이다. 이러한 망상이 인간에게는 삶을 살아가는 힘이 되기도 한다. 망상은 아이디어의 원천일 뿐만 아니라 힘의 원천도 된다.

어떻게 하면 망상을 깨울 수 있을까? 망상은 욕망의

산물이므로 자기 자신을 욕망이 넘치는 상태에 두면 된다. 이때 약간의 참을성도 필요하다. 그 상태에서 망상을 실현하자. 그럼 평소와는 다른 생각을 할 수 있다.

원하고, 참으며, 실현하다

여기에서는 망상 사고법에 대해 이야기해 보자. 어떻게 망상을 사고법의 하나로 활용할 수 있을까?

먼저 종이 위에 자신이 하고 싶은 일을 모두 적어 보자. 부끄럽다고 숨기지 말자. 다른 사람에게 보여 줄 일은 없으니까 안심하고 모든 욕망을 드러내 보자. 그렇게 해야 망상을 사고법에 제대로 활용할 수 있다. 누구에게 보여 주어도 괜찮은 우등생다운 답안은 재미없다.

다음에는 이미지를 하나하나 부풀리자. 이 단계에서는 구체성이 관건이다. 이미지가 구체적이고 생생할수록 흥분된다. 망상도 점점 커진다. 역시 다른 사람에게 보일 일은 없으니까 누군가의 이름이나 실제 지명을 넣어도 좋다. 그래야 더 생생해지기 때문이다.

마지막으로 망상을 실현하기 위해 무엇이 필요한지를 생각해 보자. 이미 꽤 생생한 이미지가 만들어졌을 테니까 실현 수단도 구체적으로 생각해 낼 수 있을 것이다. 만약 존재하지 않는 도구가 필요하다면 그것도 묘사해 보자. 이런 기능을 가진 어떤 장치가 있다고 말이다. 그러면 그 장치는 망상 사고가 만들어 낸 아이디어가 된다.

이처럼 망상이 가진 자유로운 상상력과 강인한 힘은 엄청난 아이디어를 만들어 낸다. 흥분되지 않는가? 인간에게는 이성과 본능이 있다. 이성은 브레이크를 담당하지만, 본능은 액셀러레이터를 담당한다.

아이디어처럼 어떤 일을 추진하고 새로운 것을 만드는 데는 액셀러레이터가 필요하다. 본능을 이용하라는 말이다. 참신한 아이디어를 위해서라면 본능을 드러내도 좋다.

망상은 본능이다. 아이디어가 승패의 열쇠가 되는 요즘, 핵심 키는 투쟁 본능이 아닌 망상 본능에 있다. 나는 학생들에게도 에로 책을 보라고 말한다. 물론 당장 보라는 말은 아니다. 참고 또 참다가 마지막에 보라는 말이다. 당연히 에로 책에만 해당되는 이야기가 아니다. 우리가 갖고 싶어 하는 모든 것이 그렇다.

욕망을 잘라 버리는 행위는 거세와 닮았다. 지극히 야만적이다. 무언가를 원하지만 참고 또 참다가 실현하는 것,

이것이 망상 사고의 본질이다. 그런 의미에서 인터넷은 망상 사고법에 적합하지 않다. '인내'라는 과정이 사라지기 때문이다. 무엇이든 바로 손에 넣을 수 있는 인터넷은 망상 사고에서만큼은 마이너스다. 자신의 소중한 망상이 녹아 버리지 않도록 인터넷 사용 시간을 줄여 보는 것은 어떨까?

일부러 이상한 행동을 하다

: 아티스트 사고 [일상 – 헤겔]

• 게오르크 빌헬름 프리드리히 헤겔 •

Georg Wilhelm Friedrich Hegel, 1770~1831

독일 정신현상학 철학자

동그라미는 네모, 검정색은 흰색!

보통 사람과 예술가의 가장 큰 차이는 무엇일까? 바로 생각하는 방법이다. 어떤 분야의 예술가든 보통 사람들과는 다르게 생각한다. 그 결과 창조적인 작품을 탄생시킨다.

그렇다면 어디가 얼마나 다를까? 이 역시 생각하는 방법에 답이 있다. 예술가들은 기계적이거나 정해진 방식대로 생각하지 않는다. 논리적이지도 않다. 오히려 반대로 기존의 규칙을 무시한 반항적 사고를 한다. 그래서 비논리적이다.

독일의 철학자 헤겔은 아름다움을 높이 평가했다. 그는 예술의 의의를 정리한 《미학 강의》에서 아름다움은 인간의 정신적인 자유를 표현한 것이라고 말했다. 또한 예술은 이념을 구체화한 이상적인 것이라고 했다. 예술 작품 안에는 인간의 혼이 들어가 있기 때문이다.

이러한 헤겔의 《미학 강의》를 자주 읽었다는 한 피겨스케이트 선수가 있다. 소치 올림픽에서도 활약한 마치다 다츠키 선수다. 아쉽게도 지금은 은퇴했다. '은반 위의 철학자'라는 별명대로 그는 하나의 예술 작품인 피겨 연기를 통해 선수로서 자신의 혼을 표현했다. 그래서인지 그의 연기를 보면 왠지 가슴이 뜨거워진다.

인간의 혼은 아름다움을 표현할 때 자유롭게 해방된다. 어떤 예술이든 상관없다. 모든 제약과 한계를 걷어치우면 우리의 혼도 마음껏 비상한다.

이때 중요한 것은 의외성이다. 동그라미가 네모가 되고, 검정색이 흰색이나 무지개색으로 변하는 것처럼 말이다. 예술의 원천은 바로 이러한 자유로운 발상에 있다.

예술 작품을 만들 때 자유롭게 생각하라는 말은 어쩌면 당연할지도 모른다. 하지만 더 나아가 무엇을 생각할 때이 발상을 활용할 것을 추천한다. 예술가처럼 자유롭게 생각하면, 무슨 일을 하든 예술적 성과를 만들어 낼 수 있다.

이는 특별한 작품을 만들 때만 해당되는 이야기가 아니다. 기계적인 작업이나 사무적인 일에도 적용할 수 있다. 어떤 일에나 예술적인 부분은 있기 마련이다. 예를 들면 높은 정확성이나 참신한 발상이 필요한 일처럼 말이다. 마치 예술가가 된 것처럼 자신이 하는 일을 예술적으로 바꿔보자.

붓펜으로 메모를

요즘 유튜브에서는 일상적인 내용을 랩으로 말하는 사람들이 인기다. 정치적인 메시지처럼 심각한 내용도 있지만, 주변의 사건을 소재로 하는 경우도 많다. 어떤 교장 선생님은 랩으로 휴교령을 내리기도 하고, 한 경찰관은 랩으로 교통 정리를 하기도 한다.

예전에 시를 읊듯 일기 예보를 하는 '시인 일기 예보사'가 화제가 된 적이 있었다. 나도 유튜브에서 몇 번 봤는데 정말 재미있었다. 어떻게 시로 일기 예보를 할 생각을 했을까? 바로 이런 참신한 발상이 예술적 사고의 목표다. 방법도 간단하다. 일상에 예술적인 요소를 더하기만 하면 된다.

구체적으로 몇 가지 방법을 더 소개하겠다. 먼저 시인 일기 예보사처럼 일상적인 일에 예술을 더하는 방법이다. 이 양식은 아주 간단하다. 그림을 그리거나 악기를 연주하는 등 예술 활동을 하면서 다른 평범한 일을 함께하면 된다. 만약 여러분에게 한 가지 예술적인 재주가 있다면 일상적인 일과 함께 해 보면 좋다. 혹시 아무런 재주가 없는 사람이라면 예술적인 사람과 협업하는 방법을 추천한다. 피아노 칠 줄 아는 사람을 초대해서 그의 연주에 맞춰 사무 업무를 보는 것이다. 눈에 띄는 성과가 나올지는 확신할 수 없지만 시도해 보자.

아니면 일상적인 일을 이상한 방법으로 해 보는 것도 좋다. 책을 뒤에서부터 읽거나 뒤로 걸어 보자. 혹은 젓가락을 양손에 쥐고 밥을 먹거나 윗옷을 바지처럼 입어 보자. 누가 보아도 이상하다. 나는 예술가와 이상한 사람은 종이 한 장 차이, 아니 예술가는 이상한 사람이 맞다고 생각한다.

예술적 사고는 참신한 아이디어를 떠올리거나 새로운 방법을 찾아내는 데 도움이 된다. 하지만 예술적 사고의 가장 큰 장점은 누군가의 인생관을 바꾸는 계기가 된다는 점이다. 상식에 얽매이던 자신이 해방됨으로써 자유로운 발상과 삶의 방식에 눈을 뜨게 될 것이다.

이 방법들이 조금 과하다는 생각이 드는 사람에게는 다른 예를 추천한다. 지금부터라도 해 볼 수 있는 방법이다. 바로 붓펜으로 노트 필기나 메모를 하는 것이다. 나도 얼마 전에 당장 메모를 해야 하는데 펜이 눈에 띄지 않아 근처에 있던 붓펜을 이용하여 필기한 적이 있다. 그런데 고작 펜 하나만 바꿨을 뿐인데 메모가 예술 작품처럼 변했다. 처음에는 이 정도만으로도 충분하다. 포인트는 틀에 갇히지 않고 자유롭게 생각하는 것이다.

우리가 예술 작품을 보면서 감탄하는 이유는 자유로

운 발상 때문이다. 자유로움을 통해 인간의 무한한 가능성을 느끼는 것이다. 그래서인지 미술관에 가면 창조적으로 변하는 것 같은 느낌이 든다.

나는 미술관을 자주 간다. 그중에서도 현대 미술을 제일 좋아한다. 미국에 있을 때도 뉴욕의 많은 미술관을 방문했다. 메트로폴리탄보다는 '모마'라는 애칭으로 불리는 뉴욕 현대 미술관이 내 취향이었다. 이 미술관은 근현대 미술에 특화된 곳이었다. 수많은 예술가들이 선사하는 자유로운 발상은 당시 나에게 큰 자극이 되었다.

나는 누구나 자신의 인생을 창조적으로 변화시킬 수 있다고 믿는다. 피아노를 칠 줄 모르는 사람은 많다. 하지만 이상한 행동을 못 하는 사람은 없다. 그런 의미에서 인간은 모두 예술가다.

상황에 몸을 맡기다

: 일본식 사고 [유연성 – 와츠지 테츠로]

• 와츠지 테츠로 •

Tetsuro Watsuji, 1889~1960

일본 철학자며 문화사학자

자연을 닮은 유연성

일본다운 풍경이 있다. 우리는 그것을 '일본식'이라고 부른다. 일본식은 이렇다고 확실하게 말할 수는 없지만 전통 형상이나 재질, 색 조합이 여기에 속한다.

여기서 형상은 신사나 불당, 기모노, 일본의 자연 풍경을 말한다. 재질에는 나무, 돌, 비단 등이 있다. 강렬하지 않으면서 우아하고 엷은 색 조합도 일본다운 특성이다. 연분홍색이나 연두색이 일본 특유의 색으로 유명하지만, 그 외에도 400가지 이상의 색이 있다.

문화에도 '일본식'이라는 말을 쓸 수 있다. 얼마 전 외국인을 대상으로 한 문화 체험 행사가 열렸다. 그 행사에서는 다도, 꽃꽂이, 기모노, 히나마츠리(매년 3월 3일 여자아이들의 무병장수와 행복을 빌며 제단에 인형을 장식하는 축제), 떡 방아 찧기 등을 소개했다. 전체적으로 화려한 분위기였지만, 차분한 색 조합 때문인지 매우 일본다웠다.

이 모든 것들은 일본의 자연환경과 풍토에서 유래했다. 그런 의미에서 '일본식'이라는 말은 일본 그 자체를 표현한다고 볼 수 있다. 명확한 기준은 없지만, 누구나 일본답다고 느끼는 무언가가 존재하는 이유는 바로 이 때문이다.

일본의 철학자 와츠지 데츠로는《풍토》에서 몬순으로 인한 급격한 자연 변화가 현재 일본인의 성격을 만들었다고 말했다. 환경 변화에 유연하게 대처하고 아무리 어렵고 힘들더라도 인내하며 따르도록 말이다. 나도 환경의 변화가 유연성을 만든다는 말에 동의한다.

물론 일본 문화에는 최근 애니메이션이나 만화를 중심으로 퍼지고 있는 '쿨 재팬'도 포함되어 있다. 하지만 쿨 재팬은 최근 대두되는 하나의 경향일 뿐이다. 전통적인 일본식에는 적합하지 않다고 본다.

일본 문화를 동경해서 일본에 온 사람들이나 앞에서 언급한 행사에 모인 사람들은 모두 진짜 일본다움을 원한다. 진짜 일본다운 것은 전통적인 일본의 모습일 수밖에 없다.

그럼 이 일본식을 어떻게 사고법에 활용할 수 있을까? 일본답게 만들면 어떻게 될까? 일본의 자연과 풍토에 맞는 발상이란 무엇일까?

일본의 날씨는 따뜻하지만 습하다. 사계절의 변화도 크다. 일본인들은 이러한 자연에 맞서지 않고 유연하게 적응했다. 간소하고도 차분한 정취나 은근하지만 깊고 고아한 일본만의 분위기는 이렇게 자연을 그대로 받아들인 태도에서 비롯했다.

일본인들은 어떤 상황에서나 유연하게 생각한다. 이 사고의 연장선에서 화합을 중시하는 사상도 생겨났다.

무슨 일이든 상황을 거스르지 않고 유연하게 받아들이는 태도는 반대로 지나치게 형식을 중시하는 경향으로 흐르기도 한다. 그래서 일본에는 무슨 양식이니, 작법이니 하는 규칙들이 많다.

다도나 꽃꽂이에도 일반 사람들은 이해하지 못하는 규칙이 매우 많다. 하지만 나는 그게 나쁘다고 생각하지 않는다. 자연스럽게 상황에 맞춰가다 보면 결국 규칙이 생길 수밖에 없다. 문제는 형식을 중요하게 여기는 태도가 지나친 형식주의로 발전할 수 있다는 점이다. 특히 관공서가 그렇다. 이러한 형식주의는 헤이안 시대에 황실의 의식, 법령, 행사, 풍속을 연구하던 '유소쿠 고지츠'라는 학문으로까지 거슬러 올라간다고 말하는 사람도 있다.

낡았지만 새로운 사고

사람들은 일본의 사상이 보수적이라고 생각한다. 아마 일본의 모든 점이 좋다고 찬양하는 이른바 우익들 때문일 것이다. 하지만 그들의 생각은 내가 말하는 일본식 사고와 완전히 다르다. 모두 전통을 중요하게 여기기 때문에 그런 오해가 생기는 것 같다.

보수적인 사람들도 전통을 중요하게 여긴다. 여기에는 일본의 전통문화를 중시하는 것도 포함된다. 하지만 일본 문화란 원래 급격한 자연의 변화에 순응하는 유연성을 말한다. 오래된 것만을 고집하는 완고한 태도와 확연히 다르다. 유연성이 가장 중요하다는 사실을 잊어서는 안 된다.

유연하다는 것은 화합을 중시한다는 말과 같다. 1,400년 전 쇼토쿠 태자의 '싸우지 않는 것이 근본이다'라는 가르침은 지금까지 전해져 내려오고 있다. 그만큼 화합이 중요하다. 어쩌면 일본인에게는 화합을 최고의 미덕으로 여기는 유전자가 있을지도 모른다.

요즘 사람들은 화합을 가볍게 여기는 것 같다. 서구 개인주의의 범람과 인터넷의 발전으로 사람들 사이의 소통이 감소한 탓이다. 이럴 때일수록 더 큰 목소리로 화합의 중요성을 외칠 필요가 있다. 일본식 사고는 낡았지만 새로운 것이다.

"개인의 진정한 도덕적 선택은
오로지 공동체를 위한 자기희생뿐이다."

|

와츠지 데츠로

겸손하다

: 자학화 [아깝다! – 아들러]

• 알프레드 아들러 •

**Alfred Adler,
1870~1937**

오스트리아 유대계 의사며 심리치료학자

자신을 낮추자

나는 간사이 지역 출신이다. 흔히 간사이의 상징은 요시모토흥업(일본 간사이 지역에서 가장 큰 연예 기획사)이라고 할 정도다. 그래서인지 간사이 지방은 개그 문화의 성지로 널리 알려져 있다. 간사이 지방의 중심지인 오사카에는 예전부터 장사꾼들이 많았다고 한다. 물건을 좀 더 잘 팔기 위해 활용한 웃음이 지금까지 이어진 것은 아닐까?

이러한 웃음에는 유난히 자학적인 개그가 많다. 아마도 자신을 낮추고 상대를 띄워주는 장사 마인드에서 시작되었을 것이다. 자학 개그의 장점은 아무도 상처받지 않는다는 것이다. 그래서 언제나 성공한다.

나도 얼굴이 크다, 다리가 짧다는 등의 신체적 특징이나 사법 시험에 실패해 백수가 되고 말았다는 인생 실패담을 개그 요소로 활용한다. 상대의 마음을 열기 위해서다. 위에서 내려다보는 시선으로는 상대의 마음을 열 수 없다. 자신을 어느 정도 낮추는 자세가 필요하다. 물론 내가 정말 그렇다고는 생각하지 않는다. 장사와 마찬가지로 일부러 자신을 낮춰 상대방을 즐겁게 만들 뿐이다. 바로 이 부분이 자학 사고법의 포인트다.

스위스 심리학자 융은 '페르소나'라는 개념을 만들어 냈다. 페르소나는 '가면'을 의미하는 라틴어에서 유래했는데, 마치 사람들이 가면을 쓴 것처럼 여러 개의 인격을 상황에 따라 다르게 활용하는 모습을 표현한 것이다. 나는 이렇게 자신을 낮추는 캐릭터를 하나의 페르소나로 활용해 보기를 추천한다.

코미디언들은 머리가 좋다고 한다. 상대방을 웃기기 위해 다양한 상황을 세세하게 계산하기 때문이다. 우리는 코미디언의 개그를 보고 웃지만, 실제로는 그들이 웃고 있는지도 모른다. '인텔리 연예인'이라 불리는 고학력의 코미디언들도 매우 많다. 고학력자는 아니지만 어릴 때부터 영리했다거나 머리 회전이 빨랐다는 사람도 많다.

일부러 바보 같은 짓을 하거나 자신을 깎아내려서 상대방을 웃기려면 주위 상황을 제대로 파악하고 문맥도 정확하게 읽어 낼 수 있어야 한다. 프랑스 철학자 베르그송도 웃음에 대해 언급한 적이 있다. 그는 웃음이란 '기계적인 마음'이라고 했다. 우리는 매끄러운 흐름 속에서 갑자기 튀어나오는 좌절을 보고 웃는다.

모두가 이렇게 될 거라고 예측할 때 반대 상황이 튀어나오면 웃긴다. 의외성 때문이다. 자학 개그는 이러한 의외성에 기초하고 있다. 아무도 상대방이 자신을 진심으로 깎아내린다고 생각하지 않는다.

이 메커니즘을 사고에도 활용할 수 있다. 먼저 자신을 낮추고 상대를 높이자. 그러면 상대방이 적극적인 행동을 보일 것이다. 일종의 전략이다. 결국에는 웃음을 통해 이익을 얻을 수 있다.

어쩌면 코미디언들이 인기 있는 이유도 이러한 전략을 잘 활용했기 때문인지 모른다. 자학 사고법은 성공적인 인생을 위해 빼놓을 수 없는 요소다.

아깝다, 히로시마 현!

오스트리아 출신의 심리학자 아들러는 열등감이 성장의 기초라고 말했다. 실제로 자주 자학하는 사람들은 열등감을 느끼고 있을 가능성이 크다. 나 역시 그렇다. 그런데 이 열등감을 긍정적으로 활용하면 인간은 더욱 성장할 수 있다. 그런 의미에서 자학 사고법은 열등감을 성장으로 변화시키는 계기이기도 하다.

자학 사고법은 앞에서도 언급했듯이 주위를 항상 잘 관찰하는 것이다. 그리고 문맥을 제대로 짚어 내는 것이다.

지금 하는 이야기나 생각의 흐름이 어느 방향으로 나아가고 있는지 생각하자. 그리고 그 이야기와 반대되는 흐름은 무엇인지 고민해 보자. 여기에 자신을 깎아내리는 내용을 얹으면 된다.

이는 개인에게만 해당되는 이야기가 아니다. 기업이나 국가에서도 이 사고법을 활용할 수 있다. "우리 회사는 대단하지만 이 부분이 부족해"라고 말하는 것도 임팩트가 된다. 부족한 부분을 채우기 위해 노력한다는 말은 지금 내가 매우 열심히 일하고 있다는 선언과 같기 때문이다.

얼마 전 히로시마 현은 '아깝다, 히로시마 현!'이라는 슬로건을 내걸었다. 이쓰쿠시마 신사나 원폭 돔 등 풍부한 관광 자원이 있음에도 불구하고 관광지로 잘 알려지지 않은 점을 '아깝다'고 표현한 것이다. 보통 '아깝다'는 단어는 부정적인 의미로 사용되므로 지역 PR에는 어울리지 않아 보인다. 그런데 이 자학적인 발상이 먹혔다. 이것이야말로 자학 사고법의 성공적인 예라 할 수 있다.

히로시마 현처럼 일부러 부정적인 단어를 사용하는 방법도 매우 좋다. '더러운', '작은', '답이 없는', '약한', '부족한', '도움이 안 되는', '냄새 나는', '모자란'과 같은 단어를 PR하고 싶은 것에 붙여 보자. 예를 들어 몸집은 작지만 능력이 뛰어난 스포츠 선수에게는 '작은 거인'이라는 별명을 붙일 수 있다.

그래도 나를 '도움이 되지 않는 철학자'나 '모자란 철학자'라고 부른다면 웃을 수만은 없을 것 같다.

다양한 상부 구조를 미리 준비하다

: 플랜 B [예측 불가능한 상황 – 마르크스]

• 칼 마르크스 •

Karl Marx, 1818~1883

독일 철학자며 경제학자, 정치학자

다음을 생각하기

미국 영화를 보다 보면 '플랜 B'라는 단어가 자주 나온다. 플랜 B는 원래 계획이 실패했을 때 활용하는 백업 플랜을 의미한다. 플랜 B의 'B'는 '백업'을 뜻한다. 플랜 B의 'B'를 따서 원래 계획을 '플랜 A'라 부르기도 한다.

준비한 작전이 실패하면 플랜 B로 바꾼다. 영화에서도 플랜 B가 훨씬 재미있다. 어쩌면 당연한지도 모른다. 영화 전개가 급하게 펼쳐지기 때문이다.

진짜 플랜 B도 영화와 크게 다르지 않다. 플랜 B는 기본적으로 예비 작전이다. 우리는 보통 90퍼센트 이상의 힘을 플랜 A에 쏟는다. 여기에는 물리적 계획은 물론 마음의 준비까지 포함된다.

그런데 갑자기 플랜 B로 바꿔야 한다면? 어리둥절할 수밖에 없다. 직장에서 상사가 갑자기 '플랜 B로 바꾸라'고 하면 모두 얼굴이 굳을 것이다.

실제 그런 일이 일어나지 않는다고 생각하는가? 하지만 우리 모두 한 번씩은 경험해 봤다. 예를 들면 소풍을 갔는데 비가 내리는 상황처럼 말이다. 소풍을 다른 날로 미룰 수 없는 경우 소풍 장소는 체육관으로 바뀐다. 다함께 도시

락을 나누어 먹은 뒤 소풍을 마친다. 이런 경험은 누구나 있다. 역시 일종의 플랜 B다.

이처럼 날씨 때문에 계획이 변하는 것도 플랜 B에 속한다. 비가 올 것을 예상하고 미리 우산을 준비하는 사람은 많지 않다. '그때 가서 보자'고 생각하는 사람이 대부분이다. 아무 준비 없이 실전에 들어가는 것이다.

소풍 정도는 괜찮다. 하지만 인생의 계획이라면 어떻겠는가? 우리는 취업 면접이나 비즈니스 교섭과 같이 중요한 일에 확실한 계획과 시나리오를 준비해 둔다. 나 역시 그렇다.

하지만 상대방과 같이하는 일은 언제나 계획대로 진행되지 않는다. 사람들은 시나리오대로 흘러갈 것이라고 믿는다. 당연히 그럴 리 없다. 그럴 때 우리는 초조함을 느낀다.

그렇다면 처음부터 플랜 B로 바꾸는 상황을 생각해 두면 어떨까? 이것이 플랜 B 사고다. 어떤 일을 계획할 때 처음부터 플랜 B를 계산에 집어넣고 생각하는 방법이다.

독일의 철학자이자 경제학자인 마르크스는 사회 및 정치 제도 등의 상부 구조를 '경제'라는 하부 구조가 움직이고 있다고 분석했다. 이를 '상부-하부 구조'라고 부른다.

플랜 B를 미리 계산해서 사고하는 방법은 상부-하부 구조 이론을 응용했다. 플랜 A와 B는 모두 상부 구조의 하나이고, 이를 움직이는 하부 구조는 전체 계획의 목적을 말한다.

우리는 보통 플랜 B를 선택 사항처럼 생각한다. 하지만 그러면 왠지 불안하다. 인생에는 플랜 B로 바꿔야 할 상황이 너무 많기 때문이다. 만약 플랜 A와 B에 똑같은 비중을 둔다면 어떻게 될까? 플랜 A는 그저 많은 계획 중의 하나가 될 뿐이다.

예측 불가능한 상황을 항상 염두에 두기

적어도 인생에서는 플랜 A와 B를 같은 비중으로 두는 게 맞다. 플랜 A만큼 플랜 B에도 힘을 쏟는다면 우리의 각오도 달라질 것이다. 이미 준비되어 있으니 걱정할 필요가 없기 때문이다.

플랜 B가 반드시 하나일 필요도 없다. 플랜 C, D, E 등 많아도 상관없다. 상황은 언제 어떻게 변할지 모른다. 최대한 플랜을 많이 준비해 두는 편이 더 좋다. 물론 이 계획들이 모두 상부 구조에 속한다는 점도 잊지 말자.

그럼 구체적으로 어떻게 해야 할까? 먼저 예측 불가능한 상황이 올 것을 미리 생각해 두자. 어떤 의미에서는 '인생관의 변화'라고도 할 수 있다. 예를 들어 지금 갑자기 운석이 떨어져 지붕이 무너질 것을 걱정하는 사람은 없다. 하지만 그럴 가능성도 있으니 미리 대책을 생각해 놓자. 이렇게 하다 보면 여러분의 삶의 방식도 크게 변화할 것이다. 더욱 신중해질 것이다.

다음으로는 선택지를 최대한 많이 준비해 두는 것이다. 어떤 일이 실제로 일어났을 때, 그 상황을 해결할 수 있는 선택지는 많으면 많을수록 좋다. 아무리 예측 불가능한 상황이 벌어진다 해도 많은 선택지가 있으면 그중에서 가장 적절한 방법을 선택할 수 있기 때문이다.

또한 상황을 최대한 자세하게 가정해 보는 습관을 가져보자. 이런 일이 일어났을 때는 이렇게 한다고 각 상황을 미리 가정해 두면 좀 더 강력한 플랜 B를 만들 수 있다. 이른바 시나리오 플래닝이다. 이 사고법의 열쇠를 쥐고 있는 것은 상상력이다.

세상에 절대로 일어나지 않을 일은 존재하지 않는다. 언젠가는 운석이 정말 떨어질지도 모른다. 나도 오늘부터 당장 고민하고 준비하겠다.

"제 갈 길을 가라,
남이야 뭐라든.
만국의 노동자여 단결하라!"

|

마르크스

모두 다르지만 모두 좋다

: 개성주의 [비합리 - 푸코]

• 미셸 푸코 •

Michel Foucault, 1926~1984

프랑스 현대 철학자며 사회학자

합리성에는 한계가 있다

요즘 주의력 결핍, 과잉 행동 장애, 학습 장애와 같은 말들이 자주 들린다. 이런 양상은 의학 발달이 불러온 폐해 중 하나다. 오히려 문제를 일으키는 아이들을 환자로 보는 시선이 더 큰 문제다.

나는 이러한 흐름이 옳지 않다고 생각한다. 아이들은 정말 병에 걸린 것일까? 어쩌면 아이들의 뇌에 선천적인 장애가 있을지도 모른다. 나도 그것을 부정하지는 않는다. 그렇다고 해서 그게 나쁜 것일까?

개인 차이는 크면 클수록 좋다. 차이가 바로 개성이기 때문이다. 천재라 불린 아인슈타인도 전형적인 과잉 행동 장애 증상을 보였다고 한다.

도대체 정신 질환이란 무엇일까? 정상적인 뇌는 무엇을 말하는 것일까? 프랑스 사상가 미셸 푸코는 중세 시대까지는 미치광이를 신과 같은 존재로 여기다가 근대에 이르자 모두 정신 병원에 가두게 됐다고 말했다. 근대는 합리성을 가장 중요하게 여겼던 시기이기 때문이다.

근대에는 비합리적인 모든 것을 광기라고 생각했다. 그리고 권력을 이용해 비합리성을 배제하려 했다. 그러한 경향은 지금까지도 계속되고 있다. '발달 장애'라는 개념 역시 권력에 의한 광기의 배제라고 생각한다.

비합리적인 생각이나 발상은 합리적인 사회를 만드는 데 방해가 된다. 그러기에 비합리성에 질병의 이름을 붙여 사회에서 배제하는 것이다. 지금도 특별한 재능을 가진 아이들은 학교생활에 적응하기 쉽지 않다.

남들과 다른 아이들은 '발달 장애'라는 꼬리표가 붙어 특수학교에 가게 되거나 특별한 취급을 받게 된다. 그렇게 그들의 행동을 억누르는 것이다. 이런 현상은 합리성으로 가득 찬 사회를 만들기 위해 비합리적인 사람들을 희생시키는 것과 다르지 않다.

이것이 과연 옳을까? 이런 태도는 두 가지 관점에서 문제가 있다. 하나는 그렇게 배제된 사람들이 결국 불행한 인생을 살게 된다는 점이다. 다른 하나는 사회가 그들의 특별한 재능을 제대로 활용하지 못한다는 점이다.

전자는 인권 문제다. 왜 사회는 그들을 가두어야 할까? 현대 사회는 개인의 개성과 다양성을 인정한다. 하지만 '질병'이라는 꼬리표를 붙인 시점에서 개인의 특성은 이미 무시된 것과 마찬가지다.

후자는 사회적인 문제다. 지금까지 세상을 변화시켜 온 것은 남들과 다른 시각과 능력을 가진 사람들이었다. 그런 사람들이 마음껏 활동할 수 없게 억누른다면 앞으로 세상은 전혀 변하지 않을지도 모른다. 합리주의는 무사안일주의에 가깝다. '합리적'이라는 말은 문제가 생기지 않게 전례를 따르는 것을 의미하기 때문이다. 합리성에는 막다른 골목을 돌파해 낼 힘이 없다.

개성으로 변하는 사회

여기에서는 발달 장애와 같은 정신 질환을 일종의 개성으로 생각하는 사고법을 제안하려 한다. 그렇게 생각하면 세상이 어떻게 변할까? 먼저 복잡한 규칙과 규율이 사라질 것이다. 규칙과 규율은 전체를 획일적으로 다루기 위해 만들어졌기 때문이다. 만약 사회가 개인의 개성을 인정하는 방향으로 진보한다면 쓸데없는 규칙과 규율은 더 이상 존재하지 않게 될 것이다.

또한 남들과 다르다는 점이 칭찬받는 사회가 될 것이다. 각자의 개성이 재능으로 높게 평가받는 사회로 바뀔 것이다. 획일성을 좋아하는 일본인에게 '다르다'는 말은 부정적인 표현에 가깝다. 하지만 그것이 칭찬받는 가치가 된다면 사람들은 남들과 다른 무언가를 찾으려 노력할 것이다.

이 세상의 모든 사람이 존중받게 될 것이다. 모든 것에는 가치가 있다. 필요 없는 것이나 필요 없는 사람은 더 이상 존재하지 않는다. 우리는 모두 서로 다른 개성을 가진 대체 불가능한 존재다. 이 세상 모든 것이 쓸모 있는 것이 된다.

상상해 보자. 개성주의가 널리 퍼지면 삶의 모습도 완전히 달라진다. 특히 일본은 180도로 변할 것이다. 수동적으로 교사의 말을 듣기만 하는 교육에서 학생 한 명, 한 명을 개별적으로 가르치는 교육으로 변화할 것이다. 교사의 역할도 가르치기보다는 학생들이 자유롭게 자신의 재능을 펼칠 수 있도록 도움을 주는 데 집중될 것이다.

세상에 천재가 넘쳐날지도 모른다. 더 이상 낙오자는 존재하지 않는다. 취업을 위해 모두가 똑같은 색의 정장을 입을 필요도 없다. 무엇보다 새로 졸업한 사람을 우선으로 뽑는 채용 제도도 사라질 것이다. 똑같은 공장에서 만들어진 기성품처럼 같은 스펙으로 비슷한 시기에 대량 생산되는 사람들이 사라질 것이기 때문이다. 나는 개성주의를 '인간 해방'이라고 생각한다.

여기서 해방은 지금까지 우리의 개성을 억누르고 기득권을 차지하고 있던 사람들로부터의 해방을 의미한다. 현재 기득권을 가진 사람들은 근대 사회의 합리주의 밑에서 혜택을 입은 엘리트나 부자가 대부분이다. 하지만 개성주의는 그들에게까지도 구원의 손을 내밀 것이다. 그들 역시 정해진 운명에서 빠져나와 새로운 방향을 찾게 될 것이다.

개성주의는 지금까지와는 완전히 다른 특성을 가지고 올 것이다. 오래전 가네코 미스즈(일본의 동요 시인)가 말한 '모두 달라서 모두 좋은' 세상이 드디어 현실로 다가올지도 모른다.

'나미헤이'라면? '사자에'라면? '가츠오'라면?

: 모든 세대 사고법 ['사자에' – 레비스트로스]

• 클로드 레비스트로스 •

Claude Lévi-Strauss,
1908~2009

프랑스 인류학자며 사회학자

구조적으로 파악하기

여러분은 텔레비전을 얼마나 자주 보는가? 다양한 대답이 나올 것 같다. '재미'라는 감정은 사람마다 다르다. 방송국도 당연히 이 사실을 알고 있기 때문에 시청 대상에 따라 프로그램을 다르게 편성한다.

방송 시간대나 광고도 프로그램의 시청자 층에 따라 바뀐다. 하지만 가치관과 삶의 방식이 다양해진 요즘, 낮에는 주부 대상 프로그램, 밤에는 20~30대 대상 프로그램이라는 식으로 단순하게 구분할 수 없게 되었다.

텔레비전뿐만이 아니다. 누가 어떤 서비스를 이용하는지 완벽하게 파악할 수 없는 시대가 왔다. 현대 사회에서는 세상 모든 사람이 같은 서비스를 원한다는 기본 전제 아래 계획을 세워야 한다.

'유니버설 디자인'은 이러한 발상에서 비롯했다. 유니버설 디자인은 건강한 사람용, 장애인용, 아이용, 임산부용으로 나누지 않고, 누구나 같은 것을 사용할 수 있게 한 디자인을 말한다.

현대 사회는 세대 간 대립이라는 극심한 문제를 안고 있다. 정치적으로도 유권자가 많은 노인층에 유리한 정책이 더 많이 나온다. 그만큼 청년층은 불리하다. 세대 간 대립의 원인도 여기에 있지 않을까?

나이가 많든 적든 같은 사회 안에 있는 이상, 우리는 서로 협력하며 살아가야 한다. 가정을 예로 생각해 보면 쉽다. 한 가정 안에서 자식들이 일방적으로 나이든 부모를 부양하는 일은 거의 없다. 가족들끼리는 서로 돕고 협력한다. 여기에는 물리적 지지뿐 아니라 정신적 지지도 포함된다.

사회도 가정과 같다. 아이들은 통학로를 지키는 어르신들 덕분에 안심하고 학교에 갈 수 있다. 어르신들은 발랄하고 생기 넘치는 아이들의 모습을 보면서 살아갈 용기를 얻는다.

지금은 세대 간 경쟁을 할 때가 아니다. 우리의 적은 나와 다른 세대의 사람이 아니다. 진짜 적은 저출산 고령화나 경제 성장 정체로 인한 파이의 축소라는 현실이다. 이러한 현실과 싸워 이기기 위해서는 모든 세대의 힘을 합한 '공동 투쟁'이 절실하다.

우리는 모든 현상을 너무 표면적으로만 본다. 프랑스 문화 인류학자 레비스트로스는 모든 것을 구조 안에서 인식해야 한다는 구조주의를 주장했다. 이 세상 모든 것은 구조 안에 있으며, 그와 동시에 구조가 성립한다는 의미다.

일부만 보고 전체를 판단하는 것은 의미가 없다. 더욱이 이런 판단은 유해하다. 오해하기 쉽기 때문이다. 우리 사회도 모든 세대가 이룬 협력을 원동력 삼아 돌아가고 있다는 사실을 잊지 말자.

그런데도 우리는 자기가 속한 세대 중심으로만 생각한다. 다른 세대에는 관심이 없다. 그래서는 옳은 방향으로 나아갈 수 없다. 여기에서는 모든 세대를 고려한 사고법을 제안하고자 한다. 바로 모든 세대 사고법이다.

최소 3세대를 생각해 보자

무엇을 생각하든 '손자-아들-부모'로 이어지는 3세대만큼은 고려하자. 그러면 '아이-어른-노인'을 모두 배려할 수 있다.

'배리어 프리' 주택은 장애인이나 노인을 배려하여 설계된 주택이다. 그래서 집 안에 높낮이 차이가 없고 손잡이가 많다. 하지만 나는 아이는 물론 어른까지도 배려한 모든 세대형 주택을 개발하는 방향으로 흐름이 바뀌어야 한다고 생각한다.

모든 세대를 배려하기 위해서는 각 세대의 특징을 제

대로 파악해야 한다. 역시 별로 어렵지 않다. 예를 들어 아이들은 비교적 작고 부드러운 것을 좋아한다. 그러나 자라면서 점점 더 활발해지고 자신의 사생활을 중시하게 된다. 어른들은 책임감이 강하고 안정적인 것을 바란다. 노인들은 무엇보다 건강을 중요하게 여긴다. 이 정도만 파악해도 충분하다.

각 세대에게 요구되는 역할도 다르다. 가정 안에서의 역할을 생각해 보면 쉽다. 물론 요즘은 핵가족이나 1인 가구가 많다. '손자-아들-부모'가 모두 함께 사는 집은 보기 드물다. 만약 잘 이해 가지 않는다면 텔레비전에 나오는 가족을 참고해도 좋다.

일본에는 〈사자에 씨〉라는 장수 만화영화가 있다. 이 만화는 어느 세대에나 가족에 대한 그리움을 불러일으킨다. 이 만화에서 사자에(주인공이자 말괄량이 주부)와 마스오(성실하지만 소심한 남편)는 어른을 대표하고, 후네(고전적인 현모양처 어머니)와 나미헤이(권위적이지만 가족을 사랑하는 아버지)는 노인을 대표한다. 다라오(엉뚱하고 철없지만 애교 많은 아들), 와카메(감수성이 풍부한 소녀로 사자에의 막내 동생), 가츠오(말썽꾸러기 소년으로 사자에의 동생)는 아이를 대표한다. 사자에 가족은 일본 가족의 전형적인 모델로, 지금도 모든 세대를 대상으로 한 광고에서 자주 활용된다.

재미있는 것은 〈사자에 씨〉에서도 각 세대의 사고방식이 다르게 표현된다는 점이다. 그것이 갈등의 원인이 되기도 한다. 물론 마지막에는 서로를 이해하며 훈훈하게 끝난다. 이 만화를 모든 세대 사고법에 적용해 보자.

〈사자에 씨〉의 기본 스토리는 이렇다. 가츠오가 버릇없이 굴거나 사자에가 멋대로 행동하면 나미헤이가 '적당히 좀 하지 못할까!' 하고 혼을 낸다. 하지만 결국에는 가족이 모두 울고 웃다가 서로를 이해한다.

이렇게 각 세대가 가진 특징을 파악하면 가족이 모두 서로를 이해하며 조화를 이룰 수 있다. 나는 일본이라는 나라가 사자에 가족과 같다고 생각한다.

WEEK
4

추상적인 것을 사고의 도구로 삼다

: 사물의 본질을 파악하자

즉흥적으로 생각하다

: 브리콜라주 사고 [애드리브 – 레비스트로스]

• 클로드 레비스트로스 •

Claude Lévi-Strauss,
1908~2009

프랑스 인류학자며 사회학자

생존 본능을 활용하자

여러분이 무인도에 표류했다고 하자. 물고기를 잡지 못하면 지금 당장 먹을 것이 없다. 이때 우리는 어떻게 할까? 아마도 허둥지둥 섬 주변을 걸으며 사용할 수 있는 도구를 찾으려 할 것이다. 그리고 나무 막대기나 뾰족한 돌로 무언가를 만들지 않을까?

앞에서도 언급한 레비스트로스는 이러한 임기응변적인 작업을 '브리콜라주'라고 불렀다. 그는 브리콜라주와 같은 본능적인 사고법을 문명적인 사고보다 높게 평가했다.

우리는 먼저 계획을 세우고 다양한 재료를 준비한 후에 일을 시작한다. 하지만 그것만으로 충분하지 않다. 만약 조금이라도 설계가 잘못되거나 충분한 재료가 없으면 계획대로 진행할 수 없기 때문이다.

이에 비해 브리콜라주는 주변의 재료를 이용하여 즉흥적으로 만든다. 조건도 없다. 허술해 보일지는 몰라도 훨씬 우수한 방법이다.

인간에게는 생존 본능이 있다. 인간은 언제 어디서나 상황을 파악해 문제를 극복하는 방법을 생각해 낼 수 있다. 이러한 생존 본능은 도시와 멀리 떨어진 시골에 갔을 때 더욱 잘 드러난다. 시골은 도시와 달리 생활하기에 불편하기 때문이다. 시골에 가면 주변의 자연환경을 이용할 기회가 많아진다. 관심도 더 생긴다.

인간은 가끔 도시에서 벗어나 자연으로 들어가야 한다. 야생의 감각을 되살리기 위해서다. 무인도에 홀로 떨어진 인물을 그린 〈캐스트 어웨이〉라는 영화가 있다. 톰 행크스가 주연을 맡았다. 처음에 주인공은 물고기 한 마리도 낚지 못할 정도로 서툴렀지만, 점점 야생에 적응하며 원시인처럼 변한다.

우리 역시 문명이 없는 곳에 떨어지면 그렇게 변할 것이다. 이는 야만이 아니라 오히려 진화에 가깝다. 문명의 도움 없이 살아남을 수 있다니! 이게 더 대단하다.

애드리브를 활용하자

브리콜라주는 애드리브에도 좋다. 애드리브가 필요할 때 브리콜라주 사고를 활용하면 좋은 결과를 얻을 수 있다. 물건을 만드는 일뿐만 아니라 대화나 아이디어를 떠올릴 때도 도움이 된다.

상황이 미리 준비한 대로 흘러가는 일은 의외로 드물다. 자신이 처음에 생각한 시나리오는 점점 엉망이 되어 결국에는 애드리브로만 대처하게 되기도 한다. 이때 필요한 것이 바로 브리콜라주 사고다.

대화에서 브리콜라주 사고를 활용하면 흐름을 변화시킬 수 있다. 얼마 전 잡지 인터뷰 때문에 저널리스트 다하라 소이치로 씨를 만난 적이 있다. 나는 주제에 맞춰 어떤 대답을 할지 미리 준비해 놓았었다. 하지만 그에게 말려 버리고 말았다.

나는 '철학자니까 철학에 대해 이야기해야지!'라고만 생각했다. 하지만 다하라 씨는 갑자기 '철학이 무엇인지 전혀 모르겠네요'라고 말했다. 전제가 완전히 무너지고 만 것이다. 나는 준비해 온 시나리오를 전부 버리고 애드리브로 '철학은 쓸데없는 학문이 아닙니다'라는 이야기를 해야 했다. 마치 맨몸으로 무인도에 떨어진 톰 행크스와 같았다. 나는 다하라 씨 같은 캐릭터에게 제일 약하다.

덕분에 좀 더 생기 넘치는 인터뷰를 할 수 있었다. 확실히 다하라 씨는 애드리브와 잘 맞는 사람인 것 같다. 그는 대화 상대의 본능을 끌어내 브리콜라주 하게 만든다. 그는 자기 자신을 '사실을 내뱉게 만드는 사람'이라고 표현하지만 말이다.

브리콜라주는 상황을 제대로 보게 만드는 기술이다. 이 브리콜라주식 발상을 사고법에 활용해 보자. 브리콜라주 사고는 순서대로 생각하는 것이 아니라 상황에 맞춰 즉흥적으로 생각하는 방법이다.

수준은 중요하지 않다

먼저 상황을 제대로 파악해야 한다. 지금 무슨 일이 일어났는지, 무엇을 해야 하는지를 생각해 보자. 목이 말라 죽을 것 같은 사람에게 돈을 주는 것은 의미가 없다. 목이 말라 죽어 가고 있다는 사실을 파악한다면 누구나 그에게 물을 주려 할 것이다. 이와 마찬가지다. 상황을 제대로 파악하지 못하면 적절한 판단도 불가능하다.

다음은 가장 빠르고 간단한 방법을 떠올려 보자. 브리콜라주 사고의 핵심도 여기에 있다. 시간이 충분하다면 누구든지 좋고 복잡한 방법을 떠올릴 수 있다. 하지만 시간이 한정적이라면 빨리 상황에 대처해야 한다. 수많은 선택지 중에 가장 빠르고 간단한 방법을 골라내야 한다.

이때 시간을 더 투자하면 효과도 올라간다. 하지만 타협해야 한다. 인간은 좀 더 높은 수준을 원하는 경향이 있다. 그래서 포기할 용기를 내지 못한다. 바로 이 용기가 브리콜라주 사고의 포인트다.

예측 불가능한 상황에 자신을 던져 넣고 답을 찾는 훈련을 하는 것도 브리콜라주 사고에 도움이 된다. 만약 여러분이 예상하지 못한 일을 겪게 된다면 브리콜라주 사고를 시험해 볼 기회를 얻었다 생각하고 반갑게 맞이하길 바란다.

사과는 사과가 아니다

: 무의미화 [분해하기 - 아도르노]

• 테오도르 루트비히 비젠그룬트 아도르노 •

Theodor Ludwig Wiesengrund Adorno, 1903~1969

독일 철학자며 사회학자, 음악가

의미가 없다면?

이 세상 모든 것에는 각자 나름의 의미가 있다. 의미 없는 것은 존재하지 않는다. 물론 가끔은 의미를 알 수 없는 것도 존재한다. 이때 의미를 모른다는 말은 특정 누군가에게만 해당되지 않는다.

아무도 그 의미를 이해할 수 없는 것도 있다. 물론 이 세상 어딘가에는 의미를 아는 사람이 있을지도 모르지만 보통은 모른다. 예를 들면 무작위로 쓰인 문자나 기호, 아무렇게나 그린 낙서가 그렇다.

하지만 의미를 알 수 없는 것과 만날 일은 거의 없다. 인간에게 필요하지 않기 때문이다. 어쩌면 유해할지도 모른다. 인간은 의미를 만들고 이해하며, 의미 속에서 살아간다. 그래서 의미를 알 수 없는 것은 인간에게 끝없는 고민과 스트레스를 준다.

만약 누군가가 어떤 것에 의미가 있다고 생각하면 연구 대상으로 삼기도 한다. 하지만 아무 의미가 없다면 그런 일에 신경을 쓰는 것이 시간 낭비가 된다. 여기서 패스워드는 예외다. 왜냐하면 패스워드는 일부러 의미를 알 수 없게 만든 것이기 때문이다.

일부러 의미를 없애는 생각은 재미있는 발상이다. 의미가 없는 것에 의미가 있다니! 패스워드에 의미가 있으면 위험하다. 그래서 일부러 아무 글자를 넣는다. 나 역시 패스워드는 그런 식으로 만들지만 의외로 어렵다. 매 순간 의미를 생각하며 살아가는 인간에게 의미를 없애는 일은 익숙하지 않기 때문이다.

하지만 의미를 무너뜨리거나 원래 의미에서 벗어난 생각을 하면 새로운 발상이 태어난다. 프랑스의 현대 사상가 데리다가 말한 '차연'이라는 개념과 같다. 차연은 '차이를 만들어 내는 움직임'을 말한다.

의미를 없애면 새로운 의미가 생긴다

의미는 다른 것과 다르다는 전제 위에 성립한다. 만약 무엇이 어떤 것과 같다면 독립적인 의미를 가질 수 없다. 서로 다름에 의미가 있다.

홍차와 커피는 다른 음료다. 차이도 있다. 만약 둘이 같다면 비행기에서 '티? 커피?'라고 물을 일도 없을 것이다.

만약 기존의 홍차와 다른 새로운 홍차를 만들면 어떻게 될까? 이때 원래 홍차와는 다른 요소가 필요하다. 그렇지 않으면 두 홍차는 똑같은 홍차가 되어 버린다. 이 차이를 만드는 원리가 바로 '차연'이다.

차연을 활용하면 의미가 겹치지 않으면서 의미 없는 것을 만들 수 있다. 그렇게 만들어진 것이 다시 의미 있게 변하기도 한다. 이때 새로운 이름과 의미가 필요하다.

어떻게 의미가 겹치지 않게 만들 수 있을까? 이해가 잘 가지 않는다면 먼저 기존의 의미를 부정해 보자. 눈앞의 사과를 보고 '이것은 사과다'라고 말하지 말고 '이것은 사과가 아니다'라고 말해 보는 것이다. 그리고 정말로 그렇다고 생각해 보자. 이것이 사과가 아니라면 도대체 무엇일까?

어떤 답이 나오든 상관없다. 독일의 현대 사상가 테오도르 아도르노는 '부정 변증법'이라는 개념을 이야기했다. 부정 변증법은 통합하기보다 분해하고 해체하는 논리라고 생각하면 쉽다.

인간은 언제나 의미를 정의하려고 한다. 논리적으로 이해하기 위해서다. 하지만 반대로 말하면 정의하지 않고 분해하며 해체하는 것이다. 사과를 사과라고 생각하지 말고 사과가 아니라고 생각해 보자.

그러면 무한한 가능성이 열린다. 사과가 아니면 하트 모양의 '오브제'일까? 아니면 새로운 음식일까? 무엇이라도 상관없다. 중요한 것은 의미를 없애면 새로운 의미가 생겨난다는 점이다.

그럼 이 발상을 사고에 활용해 보자. 고찰의 대상을 일부러 무의미하게 만들어 보자. 방법은 의미 없는 무언가를 생각하면 된다. 절대 논리적으로 생각하려고 하면 안 된다. 논리에서 벗어나자. 그런데 인간은 논리에서 벗어나려고 하면 할수록 오히려 더 논리적으로 되고 만다. 생각하는 행위가 논리이기 때문이다. 그렇다면 생각하지 않으면 된다. 아무 생각 없이 대상을 바라보자. 의식이 흐려지면서 이상한 생각이 떠오르거나 눈앞의 물건이 다르게 보일 것이다. 바로 그 감각이다.

만약 이 방법이 어렵다면 먼저 '…가 아니다'라고 부정해 보자. 그러면 제일 먼저 의미가 사라진다. 눈앞의 사과를 보고 '이것은 사과가 아니다'라고 말해 보자. 여러분 역시 새로운 의미를 발견하게 될 것이다. 무의미화의 목적은 의미를 완전히 없애는 것이 아니라 새로운 의미를 만들어 내는 데 있다.

이렇게 해도 도저히 새로운 의미를 떠올릴 수 없다면 완전히 다른 이름으로 불러보자. 예를 들어 사과를 보고 '이것은 하트다'라고 말해 보자. 이때 하트는 진짜 하트와 다르다. 사과와 완전히 같은 모습을 한 새로운 하트다. 그렇게 새로운 의미가 생겨난다.

"다른 사람의 힘 때문에
바보같이 굴어서도 안 되고,
자신의 무기력 때문에
바로같이 굴어서도 안 된다."

|

· 아도르노

필요 없는 부분은 삭제하고 예술적으로 만들다

: 상징화 [후지산 – 롤랑 바르트]

• 롤랑 바르트 •

Roland Gérard Barthes, 1915~1980

프랑스 철학자며 비평가

후지산의 본질은?

나는 시골에 살고 있어 차로 이동하는 일이 잦은 편이다. 그런데 길을 달리다 보면 국도 변으로 가게들이 내건 간판을 자주 볼 수 있다. 멀리서도 눈에 잘 띌 뿐만 아니라 어떤 가게인지도 금세 알 수 있는 간판이다.

왜 알기 쉬울까? 어느 가게나 상품을 상징화한 간판을 사용하기 때문이다. 예를 들어 소고기 덮밥 가게라면 덮밥 그릇 모양을, 낚시 용품 가게라면 물고기 모양을 간판에 넣는다. 나 역시 조직이나 그룹을 만들 때 제일 먼저 상징적인 모양을 정하게 한다.

상징은 자신이 하고 싶은 일이나 취미를 가장 세련된 모습으로 표현한 것을 말한다. 자신이 하는 활동의 얼굴이라고도 할 수 있다. 예를 들어 오사카 만국 박람회라는 말을 들으면 제일 먼저 무엇이 떠오르는가? 역시 태양의 탑일 것이다. 도쿄 하면 도쿄 타워가 떠오르듯이 말이다. 요즘은 스카이 트리일지도 모른다.

이처럼 상징은 전부를 표현한다. 그런데 단순한 상징이 어떻게 전부를 표현할 수 있을까? 상징은 본질을 나타내기 때문이다. 상징은 필요 없는 것을 삭제하고 반드시 필요한 것만 남긴다. 여기서 반드시 필요한 것이 본질이다.

후지산을 상징적으로 표현해 보자. 색은 크게 문제가 안 된다. 가끔 바뀌기도 하지만 보통 위쪽은 희게, 아래쪽은 푸르게 그린다. 그래도 후지산의 형태는 누가 그리든 잘 변하지 않는다. 완만하게 경사진 삼각산 위로 뾰족하게 올라온 정상. 정상에는 하얗게 눈이 쌓여 있어 다른 부분과 확연히 구분된다. 이를 제대로 표현하지 않으면 일반적인 화산과 다를 바 없다. 이것이 후지산의 불가결한 요소이고 본질이다.

후지산 마크는 완만하게 경사진 삼각산과 뾰족한 머리 위에 하얗게 쌓인 눈으로 표현된다. 일종의 기호다. 결국 상징화란 기호화와 같다. 기호는 그림뿐만 아니라 문자로도 표현할 수 있다. 상징화란 어떤 내용을 표현하는 마크를 말한다.

철학에서 기호론은 기호와 사고의 관계를 다루는 학문이다. 프랑스 사상가 롤랑 바르트는 영상에서부터 패션에 이르기까지 모든 것을 기호로 여겼다. 롤랑 바르트는 그렇게 다양한 분야에서 찾은 기호가 사회에서 어떤 의미를 가지는지 분석했다. 그는 상징의 의미를 남다르게 고민한 것이다.

나는 '기호론'이라는 개별적인 분야뿐만 아니라 '철학을 하는 행위'도 개념의 상징화라고 생각한다. 철학은 불필요한 것을 모두 삭제하고 필요한 부분만 남긴 후에야 할 수 있기 때문이다. 여기서 반드시 필요한 부분을 본질이라고 부른다.

'너를 좋아해'를 예술적으로 표현하면 '숨 쉴 수 없어'

그럼 상징화를 활용한 사고법을 소개하겠다. 먼저 필요 없는 부분을 잘라내는 작업이 필요하다. 여기에는 두 가지 접근법이 있다. 하나는 겉모습으로 접근하는 방법이다. 후지산을 상징화한 것과 마찬가지로 세세한 부분은 잘라 내자. 단순하게 눈에 잘 띄는 부분만 남기자.

다른 하나는 내용적으로 접근하는 방법이다. 어떤 사물의 존재 의미를 생각하고 거기에 주목하자. 후지산의 본질은 바라보는 것에 있다. 산이니까 오른다는 사람도 있지만, 그래도 바라보기만 하는 사람들이 훨씬 많을 것이다. 우리가 바라본 후지산의 아름답고 거룩한 모습을 표현하면 된다.

필요 없는 것을 삭제한 후에는 예술적으로 만들어 보

자. 모양이나 메시지가 좀 더 확실히 드러나게 가공하는 것이다. 이왕이면 한 부분에 집중하자. 색깔이 너무 많으면 가장 눈에 띄는 색 하나밖에 기억에 남지 않기 때문이다. 모양도 마찬가지다. 코끼리의 코나 기린의 목처럼 가장 특징적인 부분만 기억에 남는다.

만약 사람이라면 눈에 집중하면 된다. 범인 몽타주를 그릴 때도 눈을 최대한 확실하게 그린다고 한다. 연예인 메이크업 따라 하기로 유명한 사람이 있다. 눈 화장만 했을 뿐인데 변화무쌍하다. 코와 입을 마스크로 가려 눈밖에 보이지 않는데도 특정 연예인과 똑같이 변신한다.

상징화는 기호를 만들 때 외에도 활용할 수 있다. 앞에서와 마찬가지로 필요 없는 부분을 삭제하고 예술적으로 만들면 된다. 문장으로도 상징적인 메시지를 만들어 낼 수 있다. 처음에는 말하고 싶은 내용을 전부 글로 쓰자. 거기에서 필요 없는 것을 삭제하고 단 한 문장만 남기자. 다음은 그것을 예술적으로 꾸며 보자.

만약 사랑의 메시지라면 아무리 긴 러브레터라도 '나는 네가 좋아'까지 줄일 수 있을 것이다. 이 '좋다'라는 가장 중요한 단어를 예술적으로 표현하면 '숨 쉴 수 없는' 느낌이지 않을까? 한번 써먹어 보자.

"사랑하면 할수록 잘 이해하게 된 말은
사실이 아니다.
사랑의 행위를 통해
내가 체득하게 되는 지혜는,
그 사람은 알 수 있는 사람이 아니라는 것,
그러나 그의 불투명함은
어떤 비밀의 장막이 아닌
외관과 실체의 유희가 파기되는
명백함이라는 것이다."

|

롤랑 바르트

남의 흠을 들춰내다

: 시니컬 [신랄함 – J. S. 밀]

• 존 스튜어트 밀 •

John Stuart Mill, 1806~1873

영국 사회학자며 철학자, 정치경제학자

독설이란?

어느 시대나 독설은 인기가 많다. 있는 그대로 독설하는 사람은 그 분야에서 굉장히 전문적인 사람으로 평가받는다. 독설은 과격한 말을 거침없이 내뱉는 것을 말한다. 대부분은 독설하는 사람을 아무도 좋아하지 않을 거라고 생각한다. 그러나 의외로 그렇지 않다.

독설이 과격한 이유는 진실을 거침없이 찌르기 때문이다. 지나칠 정도로 정직하다는 말은 뒤집어 생각하면 요점을 잘 파악한다는 말도 된다. 그래서 욕구도 존재한다. 독설은 모두가 말하고 싶지만 말하지 못하는 진짜 의견을 말함으로써 통쾌함을 선물한다. '발가벗은 임금님'과도 매우 닮았다.

모두가 그렇게 생각하지만 입 밖으로 낼 수 없는 내용을 거침없이 말하는 독설. 독설은 모두의 대변자라고 할 수 있다. 독설이 사라지면 사회도 부패할 것이다. 심한 말을 하는 것은 누구에게나 어려운 일이다. 그렇다고 아무도 진실을 말하지 않으면 이 세상은 전혀 변하지 않는다.

독일의 철학자 칸트는 특유의 엄격함으로 유명하다. 그는 타인뿐만 아니라 자기 자신에게도 엄격했다. 심지어

그의 사상도 엄격했다. 그래서 그의 철학을 '비판 철학'이라 부르기도 한다. 여기서 말하는 비판은 단순히 누군가를 몰아세우고 비난하는 것이 아니라 본질을 꿰뚫는 것에 더 가깝다. 비판 철학은 무엇이 옳고 그른지, 인간이란 어떤 존재인지를 끊임없이 물으며 본질을 탐구하는 작업이다.

독설은 이렇게 본질을 탐구하는 수단의 하나로 활용할 수 있다. 시니컬하게 접근하면 본질이 드러난다.

이를 사고법에 활용해 보자. 먼저 에둘러서 표현하는 습관을 버리자. 그러기 위해서는 친절함과 다정함, 상냥함도 함께 버려야 한다. '누군가 상처 받으면 어쩌지? 감정이 상하면 어쩌지?' 하는 생각을 버리지 않으면 시니컬하게 접근할 수 없다.

어디까지나 사고법일 뿐이다. 실제로 다른 누군가에게 자기 생각을 그대로 전달할 필요는 없다. 냉정함은 머릿속에만 두자. 인간은 누구나 시니컬한 생각을 가지고 있다. 그것을 입 밖으로 내뱉는 것은 다른 문제다. '우와, 못생겼다'라고 생각할 수는 있어도 '못생겼네요'라고 말하는 사람은 없을 것이다.

이때 중요한 포인트는 머릿속으로 '못생겼다'라고 생각하는 것을 피해서는 안 된다는 점이다. 입 밖으로 말하면 안 되니까 아예 생각을 하지 않으려는 태도는 좋지 않다. 현실을 냉정하게 바라보자.

본질을 냉철하게 바라보기 위해서는 일부러라도 다른 사람의 흠을 들춰내야 한다. 심술궂은 눈으로 보지 않으면 시니컬할 수 없다. 가장 쉬운 방법은 상대의 나쁜 점을 찾아내는 것이다.

누군가의 좋은 점을 찾아내기도 어렵지만, 나쁜 점을 찾는 일 역시 어렵다. 누가 보아도 눈에 띄는 결점이 있는 경우라면 다르겠지만, 대부분은 잘 보이지 않는다. 사람을 오래 사귀면 나쁜 점도 보이지만 항상 그렇지만은 않다.

상대의 흠을 찾아냈다면 이제 시니컬하게 표현해 보자. 상대방에게 말하지 않아도 된다. 자신의 머릿속에서만이라도 일단 단어로 표현해 보자. 이때 포인트는 최대한 과격하게 표현하는 것이다.

상처 주기?

직설적 표현은 과격하지만 그것만으로는 부족한 경우가 있다. 가끔은 예술적인 표현을 사용해서 문제가 더욱 잘 드러나게 할 필요가 있다. 영국의 사상가 J. S. 밀은 쾌락의 질을 구별하지 않는 벤담의 공리주의에 대해 '돼지의 철학'이라고 표현했다. 벤담은 어떤 쾌락도 쾌락이기만 하면 같다고 말했다. 하지만 밀은 예술적인 시를 읽었을 때 얻는 쾌락과 게임을 통해 얻는 쾌락이 다르다고 주장했다. 밀은 전자의 질이 더 높다고 말하고 싶었던 것이다.

이때 '벤담은 쾌락의 질을 구별하지 않는다'라고만 표현했다면 평범한 독설에 지나지 않았을 것이다. 그러나 밀은 쾌락의 질을 구별하지 않는다는 점을 착안해 벤담의 주장을 돼지에 비유했다. 누구라도 자신의 생각이 돼지와 다를 바 없다고 평가되면 큰 충격을 받을 것이다. 하지만 밀의 표현에는 본질도 담겨 있다. 이것이 바로 시니컬한 접근이다.

물론 똑같이 돼지라 표현했더라도 평가가 다를 수 있다. 밀은 역사에 남았지만, 누군가는 비난을 받았을 수도 있다. 이 둘의 차이는 무엇일까?

바로 동기 때문이다. 밀은 옳다고 믿는 자신의 생각을 다른 사람에게 전하기 위해 일부러 과격한 단어를 꺼내 들었다. 반면 아무 의견 없이 '돼지'라고 그저 비난만 하면 상대에게 상처를 주려는 동기가 있다고밖에 해석할 수 없다. 다른 사람에게 상처를 줄려고 하는 것만이 목적이라면 어떤 독설도 본질과는 멀리 떨어진 가짜 속임수에 지나지 않는다.

독설을 내뱉는 사람이 인기가 많은 이유는 과격하고 통쾌하기 때문만이 아니라 그들의 말 속에 본질이 담겨 있기 때문이다. 만약 그렇지 않았다면 불쾌하다는 시청자의 불만이 폭주하여 바로 방송에서 퇴출당했을 것이다.

자신의 시니컬한 표현에 본질이 담겨 있는지, 아니면 단순한 속임수에 지나지 않는지는 동기에 달려 있다. 이것만큼은 반드시 기억하자.

이야기로 풀어내다

: 아나운스 효과 [세키가하라 전투 – 롤랑 바르트]

• 롤랑 바르트 •

Roland Gérard Barthes, 1915~1980

프랑스 철학자며 비평가

프로레슬링 경기 직전의 흥분

나는 어릴 때부터 프로레슬링을 좋아했다. 레슬링도 좋았지만, 더 참을 수 없던 것은 시작하기 직전의 흥분감이었다. 아나운서가 분위기를 띄우면 경기장은 열광의 도가니 속으로 빠져든다. 경기장의 조명이 꺼졌다가 섬광과 함께 입장을 알리는 배경 음악이 흘러나온다. 선수가 등장한다. 관중의 함성이 커지고 경기장 안의 열기는 최고조에 이른다.

아나운서는 열기를 더욱 부채질하며 다양한 대사로 관중을 흥분시킨다. 일종의 말로 공격하기다. 아나운서는 절규하듯 "현대의 세키가하라 전투!", "고대 로마의 콜로세움이 지금 바로 여기에!", "2020년의 간류지마 결전!"이라고 목소리를 높인다.

세키가하라 전투는 일본 전국 시대를 마감한 전투다. 결국 도쿠가와 이에야스가 승리하여 도요토미 히데요시 정권이 몰락하고 에도 막부가 수립되었다. 간류지마 결전은 미야모토 무사시와 사사키 코지로의 결투이다. 목숨을 건 치열한 결투를 의미한다.

드디어 관중은 경기에 빠져든다. 아무런 효과 없이 경기가 시작되는 것과는 완전히 다르다. 관중의 흥분으로 선수들의 행위에 필요 이상의 의미가 부여된다. 평범한 펀치나 킥도 아나운서가 불어넣은 흥분과 분노로 더욱 크게 폭발한다.

이 모든 것은 하나의 이야기와 같다. 아나운서가 구성한 이야기 세계에 관중은 빠져들고, 그 필터를 통해 대상을 바라보게 된다.

앞에서도 언급한 프랑스 사상가 롤랑 바르트는 '내러톨로지'라는 개념을 제시했다. 내러톨로지는 제공하는 사람과 듣는 사람의 커뮤니케이션이 이야기의 구조를 완성한다는 의미로, 이야기의 구조를 분석하는 학문을 뜻한다.

이야기에는 이야기를 제공하는 사람과 듣는 사람이 존재한다. 둘 중 누군가와도 관계하지 않는 이야기는 성립할 수 없다. 또한 같은 이야기라도 A의 해석과 B의 해석이 다르면 두 가지의 이야기가 존재하는 것과 같다.

아나운서가 가공한 이야기는 불특정 다수의 관중에게 아무렇게나 던진 공과 같다. 사람들은 각자 자기 나름대로 이야기를 받아들인다. 누군가는 그 경기를 설욕전이라고 볼 수도 있고, 다른 누군가는 감동적인 이야기로 받아들일 수도 있다. 이는 사람들이 어떤 사물과 현상을 어떻게 보고 받아들이는지와는 다르다. 감정이 포함되어 있기 때문이다. 감정에 따라 사람들이 받아들이는 이야기의 내용도 달라진다.

왜 이야기를 만들어야 할까?

'언어'라는 개념은 매우 추상적이다. 하지만 거기에 '이야기'라는 콘텐츠가 끼어들면 '말'은 구체적인 존재로 커다란 힘을 가지게 된다.

여기에서는 아나운스 효과를 사고법에 활용하여 행위의 효과를 어떻게 증폭시킬 수 있을지를 알아보자. 예를 들어 어떤 일을 시작하기 전에 사람들을 흥분시켜 그 일의 의미를 표현해 보자. 그러면 효과도 확실히 커진다.

공업 고등 전문학교에서 근무할 때 로봇 경진 대회의 아나운서를 맡은 적이 있다. 나는 단순 실황만 전하는 것은 재미없다는 생각이 들어 아나운스 효과를 시험해 보았다. 경기 전 참가자들과의 인터뷰를 통해 참가에 얽힌 배경, 과거의 대전 경험 등을 토대로 하나의 이야기를 만들었고, 이 이야기에 관중을 끌어들였다. 효과는 매우 좋았다.

이때 중요한 것은 설득력이다. 누구라도 '역시'라고 생각할 만한 내용이어야 한다. 이야기 혼자 떠 있으면 아나운스 효과는 사라진다. 사람마다 이야기를 받아들이는 방법은 다르다. 그래서 약간의 조사가 필요하다. 대상과 잘 어울리는 이야기를 설정하기 위해서다.

감정을 어떻게 흥분시키는지도 중요하다. 사람들은 누구나 복수를 좋아한다. 권선징악도 인기 많은 주제 중 하나다. 특히 운명적인 내용이 들어간 이야기는 관중의 마음을 빼앗기 쉽다. 실제 역사와 비교하는 방식도 효과적이다. 누구나 알고 있는 역사 이야기가 관중을 이야기의 세계로 쉽게 끌어들이기 때문이다.

역사적인 사건에는 반드시 상징적인 의미가 있다. 현재까지도 공유되는 역사 이야기를 통해 사람들은 이름만 들어도 사건 전체를 머릿속에 떠올린다. 예를 들어 아코 로시 사건(47명의 무사가 주군의 복수를 위해 원수를 습격하고 살해한 사건)은 복수혈전, 세키가하라 전투는 이후의 운명을 결정하는 마지막 결전이라는 상징이 있다.

실제로도 아코 로시 사건이나 세키가하라 전투는 비유로 자주 등장한다. 아나운스 효과를 잘 활용하는 사람들은 역사 지식도 충분히 갖추고 있다. 사람들이 기억하고 있는 이야기를 이용해 아나운스 효과를 노려 보자.

내가 생각하기에 아나운스 효과를 가장 잘 활용한 사람은 아사히방송의 종합 뉴스 프로그램인 〈보도 스테이션〉의 진행자였던 후쿠타치 이치로 씨다. 그는 젊었을 때 프로레슬링 경기의 아나운서로도 활약했다. 그 덕분인지 비유와 형용에 능하다. 그는 경기장을 흥분시키는 능력이 있다. 내가 프로레슬링을 좋아하게 된 이유도 후쿠타치 씨 때문이다.

마지막으로 고백 하나를 하겠다. 나는 학생 시절 아나운서 학교에 다닌 적이 있다. 그만큼 아나운스 효과를 잘 안다. 그래서인지 더 흥분해서 설명한 것 같기도 하다. 지금도 이벤트 아나운서로 활동하고 있다. 만약 아나운서가 필요한 사람이 있다면 언제든지 연락 주길 바란다. 언제, 어디라도 달려가겠다!

완벽하지 않아도 되다

: 준초인 [정의의 히어로 – 니체]

• 프리드리히 빌헬름 니체 •

Friedrich Wilhelm Nietzsche, 1844~1900

독일 철학자며 문헌학자

무너진 성공 모델

요즘 사람들은 히어로를 원한다. 가면 라이더나 전대물이 유행하는 이유도 그 때문이다. 히어로물에 등장하는 주인공들은 모두 예쁘고 잘생겼다. 또 강하지만 상냥하다. 한마디로 완벽하다.

히어로는 언제나 완벽하다. 히어로의 대명사라 할 수 있는 슈퍼맨은 거의 초인과 다름없다. 우리는 오래전부터 슈퍼맨을 동경해 왔다. 지금도 원한다. 일본은 월광 가면과 철완 아톰, 울트라맨과 세일러 문을 예로 들 수 있다.

그런데 최근 히어로의 모습은 조금 달라 보인다. 요즘 인기 있는 히어로는 과거에 비해 완벽도가 약간 떨어진 느낌이다. 실패 투성이지만 미워할 수 없는 캐릭터라든가 이성보다 감정이 앞서 복수에 불타오르는 캐릭터가 자주 등장한다. 복수에 불타오른다는 점은 어쩐지 인간 냄새가 난다. 그래서 완벽해 보이지 않는다. 슈퍼맨보다는 베트맨에 가깝다고 할 수 있다. 슈퍼맨과 베트맨은 미국의 양대 히어로지만, 베트맨은 슈퍼맨과 크게 다르다. 그는 가족이 악당에 의해 살해당한 뒤 어두움의 세계에서 비합법적으로 악을 무찌른다. 전혀 완벽하지 않다.

독일의 철학자 니체는 '영원 회귀'라는 무한의 고통을 받아들이면 초인이 될 수 있다고 말했다. 바로 이것이 니체의 초인 사상이다. 슈퍼맨과 같은 완벽한 히어로는 니체가 말한 초인에 꼭 들어맞는다고 생각한다.

보통 사람이 완벽한 초인이 되기란 매우 어려운 일이다. 무한의 고통을 받아들인다니, 있을 수 없는 이야기다. 가족이 살해당했어도 복수하지 않는 것을 의미하기 때문이다.

보통은 재판에서 무슨 일을 벌여서라도 반드시 복수하고 싶어 한다. 복수하는 캐릭터가 인기가 많은 이유도 보통 사람들의 감각과 잘 맞기 때문이다. 사건을 완벽하게 이해하고 용서하기보다 복수하는 쪽이 훨씬 인간 냄새가 나고 친숙하다. 공감하기도 더 쉽다.

베트맨형 히어로는 초인이 아닌 준초인에 가깝다. 그만큼 인간 냄새가 난다. 요즘의 일본 사회에도 이런 준초인이 필요하다. 왜냐하면 좋은 대학을 나와 좋은 회사에 들어가기만 하면 평생 안정적으로 일할 수 있다는 전후의 인생 성공 모델이 붕괴했기 때문이다.

일본 사회는 거품이 사라진 후 정체되었다. 그 전까지는 높은 학력과 수입, 큰 키를 의미하는 '3고'라는 단어가 있었다. '3고'를 모두 갖춘 남자가 이상적인 결혼 상대라는 말이다. 하지만 초인처럼 그렇게 완벽한 사람은 없다. 내가 젊었을 때가 '3고'라는 말이 가장 자주 들렸던 때였다. 나는 키가 작아 안 되겠다고 생각했던 일이 기억난다.

그러나 지금은 학력이 아무리 높아도 반드시 성공한다고 단언할 수 없다. 높은 수입은 바라지도 않는다. 큰 키가 좋다는 말, 지금은 아무도 하지 않는다. 물론 잘생긴 사람이 좋다는 사람은 있다. 하지만 아무리 보아도 잘생겼다고는 할 수 없는 개그맨이 인기가 더 많다.

요즘은 아무도 '초인이 될 거야!', '초인이 되고 싶다!'라고 말하지 않는다. 처음부터 불가능한 일이기 때문이다. 게다가 초인은 매력도 없다. 아무도 초인이 될 수 없지만, 누구나 준초인은 될 수 있다. 나 역시 준초인은 되고 싶다. 준초인은 '3고' 중 하나에는 해당되지만, 무언가 결점이 있는 사람을 말한다. 학력은 높지만 수입이 전혀 없다거나, 연봉은 높지만 학력이 매우 낮은 사람처럼 말이다. 내가 결혼하지 않았다면 엄청 인기가 있었을지도 모른다. 아, 20년만 늦게 태어났으면 좋았을 텐데….

완벽을 추구할 필요는 없다

준초인이 되기 위해서는 어떻게 해야 할까? 먼저 완벽한 상태를 마음속에 그려 보자. 거기에서 한두 개의 요소를 빼 보자. 이때 반드시 필요한 요소를 빼서는 안 된다. 정의의 히어로에서 정의를 빼 버리면 의미가 사라지는 것과 마찬가지다. 정의의 히어로에서 빼도 되는 것은 겉모습이나 동기 같은 요소다.

다음에는 인간적인 부분을 강조하자. 그게 없으면 준초인이 될 수 없다. 단순히 결점이 있다고 해서 준초인이 되는 것은 아니다. 부족한 부분에서 인간적인 냄새가 나야 한다.

이를 사고법에도 적용할 수 있을까? 준초인의 사고를 삶의 방식의 하나로 받아들이자. 모든 것을 완벽하게 할 필요가 없다. 감정이 생길 때는 솔직하게 내 보이면 된다.

아이디어도 마찬가지다. 항상 완벽한 아이디어를 낼 필요는 없다. 인간적인 아이디어도 충분히 좋다. 어쩌면 덜 완벽한 아이디어가 완벽한 아이디어보다 더 잘 팔릴지도 모른다. 실제 세상에서도 항상 멋지고 예쁜 캐릭터만 인기 있는 것은 아니다. 가끔은 못생긴 캐릭터도 유행한다.

물론 사고법에도 활용할 수 있다. 이른바 반완벽주의다. 이는 일부러 완벽함을 거부하는 사고다. 100점이 필요할 때 90점 정도면 충분하다고 생각하는 방식이다. 지나치게 골똘히, 철저하게 파고들지 않으면 된다. 물론 영원히 그럴 필요는 없다. 우리는 신이 아니라 인간이라는 점을 기억하자. 준초인이기만 해도 충분하다.

다양한 우연을 만들다

: 조우 [작은 상자 - 들뢰즈]

• 질 들뢰즈 •

Gilles Deleuze, 1925~1995

프랑스 철학자며 사회학자

적극적인 만남

'조우'란 우연히 만나는 것을 말한다. 혹시 스티븐 스필버그 감독의 〈미지와의 조우〉라는 영화를 본 적이 있는가? 이 영화는 인류와 외계인이 만나는 모습을 그렸다. 정말 외계인을 만난다면 어떨까? 생각해 본 적은 없지만, 이것이 조우의 본질이 아닐까?

우연히 만나기 때문에 마음의 준비를 할 여유가 없다. 그래서 충격을 받는다. 여기에 의미가 있다. 만날 것을 이미 알고 있는 상태로 만나면 아무런 충격을 받지 않는다. 반대로 충격적인 만남은 우리에게 자극을 준다. 그 영향으로 인생이 변화할 수도 있다.

내가 대만에서 만난 민주화 운동이 조우와 같았다. 나는 사람들의 뜨거운 투쟁에 휩쓸려 큰 충격을 받았다. 이 일을 계기로 나는 회사를 그만두고 철학자가 되기로 마음먹었다. 조우가 내 인생을 변화시켰다 해도 과언이 아닐 것이다.

프랑스 사상가 들뢰즈는 자기 안의 아직 꽃 피지 못한 능력을 깨닫게 만드는 계기로 조우를 말했다. '조우'란 침입자를 보고 놀라는 경험과 비슷한 것이다. 그는 조우를 계기로 기존에 갖고 있던 능력과 새롭게 꽃피운 능력이 교류된다고 말했다.

어쩌면 그 교류가 조우를 가리키는 것일지도 모른다. 내가 원래 가지고 있던 커뮤니케이션 능력에 관계를 맺는 능력이 더해져, 이것들이 서로 교류하며 지금의 나를 만들었다고 할 수 있다.

'우연한 발견'을 의미하는 '세렌디피티'라는 말이 있다. 세렌디피티도 조우와 닮았다. 우연히 발견된다는 점 때문이다.

그러나 세렌디피티의 우연성은 되는대로 움직이다 무언가를 발견하는 것과 다르다. 무언가를 우연히 발견해 내는 능력을 가진 사람은 사실 원래부터 눈썰미가 있는 경우가 많다. 평소에도 주위를 잘 살피기 때문이다.

우연한 만남을 위해 노력하지 않는 사람은 무언가를 발견할 수 있는 확률도 적다. 조우와 마찬가지다. 조우하길 바라기 때문에 조우할 수 있다. 운명의 상대를 만나려면 사람들을 자주 만나며 적극적으로 행동해야 한다. 드라마와 같은 우연은 실제로 거의 없다. 현실적이지 않기 때문에 드라마인 것이다.

우연한 조합으로 생기는 새로운 가치

조우를 사고법에 활용해 보자. 먼저 우연한 조합을 통해 새로운 가치를 만들어 내는 방법이다. 다양한 물건을 무작위로 조합하면 된다. 여기서 중요한 것은 조합 자체보다 우연성에 비중을 두어야 한다. '어떻게 해야 더 색다른 조합을 만들어 낼 수 있을까?'에만 집중하면 더 이상 충격적인 조우를 원하지 않게 된다. 우연한 조합은 어디까지나 우연의 산물이라는 점을 잊지 말자.

나는 '아이디어 상자'를 항상 준비해 둔다. 귤 상자 정도의 크기로, 그 안에 아무거나 넣어도 좋다는 방침을 세워두었다. 꼭 나일 필요는 없다. 누구나 상자 안에 넣으면 된다. 잡동사니도 좋고 소품도 좋다. 너무 큰 것은 들어가지 않지만 최대한 제약을 없애려고 했다.

상자 뚜껑을 덮은 후 작은 구멍을 통해 무작위로 두 개를 뽑는다. 그렇게 나온 것들을 조합하여 아이디어를 떠올리는 것이다. 누가 무엇을 넣었는지 전혀 모르기 때문에 우연한 만남을 완벽하게 만들어 낼 수 있다. 아이들과 놀아줄 때 이 방법을 활용하면 아이들의 창조성도 훈련된다. 여러분도 학교나 직장에서 한번 해 보길 바란다.

단순히 조합에 집중하기보다 새로운 가치를 발견하는 것이 더 중요하다. 이는 두뇌를 활용하면 된다. 의외의 조합이 새로 생길 때, 그것을 어떻게 사용할 수 있을지를 생각해 보자. 그저 한 번의 충격만으로 끝내서는 안 된다.

물론 충격 에너지를 다른 무언가에 활용할 수도 있다. 어쩌면 지금까지 생각해 본 적 없는 새로운 방향으로 나아갈지도 모른다. 원래 있던 것에 억지로 적용시키기보다 새로운 세계로의 문을 여는 유연한 발상을 해 보자.

길을 돌아다니거나 여행을 떠나는 것도 무언가와 조우하기에 좋다. '개도 쏘다니면 몽둥이에 맞는다'는 속담이 있듯 무언가를 만나게 될지도 모른다. 역사상 철학자 중에는 '소요학파'라고 불린 아리스토텔레스 외에도 칸트, 니시다 기타로와 같이 산책을 자주 하던 사람이 많다. 아리스토텔레스는 회랑을 걸으면서 제자들을 가르쳤다고 한다. 특히 칸트는 매일 정확한 시간에 산책을 해서, 동네 사람이 그가 산책 나온 것을 보고 시계를 맞출 정도였다는 에피소드로도 유명하다. 니시다 기타로가 사색하며 걸었던 길은 '철학의 길'이라고 불리며, 지금도 많은 관광객이 찾는 명소 중 하나다.

그들은 모두 걸으면서 생각을 했다. 산책 도중 실제로 무언가와 만날 것을 예상했다기보다 머릿속에 있는 새로운 아이디어와의 조우를 원했을 것이다. 산책은 뇌를 자극하기 때문이다.

생각해 보면 우연한 만남이 이 세상에 존재하는 대부분의 사물을 만들었다. 자연계도 그렇다. 우연한 만남을 일부러 만들어서라도 확률을 높여 보자. 어쩌면 미지와의 조우도 더 이상 꿈이 아닐지 모른다.

인생이란 죽기 전의 심심풀이

: 놀기 지상주의 [인생의 과업 - 파스칼]

• 블레즈 파스칼 •

Blaise Pascal,
1623~1662

프랑스 심리학자며 수학자, 과학자, 작가

현재를 어떻게 즐겨야 할까?

누구나 한 번쯤은 인생의 의미는 무엇인지, 어떻게 살아가야 하는지를 생각해 본 적 있을 것이다. 365일 24시간 내내 고민하는 사람은 없겠지만, 인생의 굴곡을 만났을 때나 다른 사람의 죽음을 접했을 때 특히 그런 생각을 하게 된다.

당연한 일이다. 대부분의 사람은 최대한 긍정적인 자세로 인생을 살아가려 한다. 하지만 가까운 사람의 죽음을 접할 때면 '어차피 사람은 모두 죽는데, 나는 도대체 무엇을 위해 살아가는 것일까?'라고 생각하기 쉽다.

이때 많은 사람은 다음과 같은 과정을 겪는다. '사람은 태어난다.' '태어난 것은 내가 선택하지 않았다.' '아무리 의미를 알아내려 해도 알 수 없다.' '사람은 결국 죽는다.' '죽음은 필연이므로 피할 수 없다.' 그리고 이런 결론을 내린다. '그렇다면 태어나서 죽을 때까지 인생을 최대한 충실하게 사는 수밖에 없다.'

이것은 '현재에 산다'는 말과 같다. 제멋대로 생겼다가 사라지는 인간이라는 존재가 할 수 있는 유일한 선택은 자기가 원하는 방식대로 살아가는 것뿐이다.

물론 이런 생각을 하는 시기는 누군가의 죽음을 접했

을 때뿐만이 아니다. 우리는 인생에 대해 고민할 때 이러한 결론에 이를 수밖에 없다. 왜냐하면 진리이기 때문이다. 인생이란 글자 그대로 인간이 살아가는 것을 말한다.

그렇다면 인생을 좀 더 즐겨야 하지 않을까? 주변을 생각해 보자. 고통스러워하는 사람이 더 많다. 질병이나 빈곤같이 해결책이 없는 문제로 고통받는 사람도 많다. 그러나 그들도 행복하게 살 수 있다. 행복은 감정에 달린 문제이기 때문이다.

'괴롭다', '불행하다'와 같은 감정은 행복한 사람을 기준으로 할 때 발생한다. 과연 건강하고 돈도 많아 아무 고민 없는 사람이 존재하기는 할까? 실제로는 누구나 깊은 고민을 안고 있다. 바깥에서 보이지 않을 뿐이다. 그것이 바로 인간이다.

고민 없는 사람을 기준으로 생각해서는 안 된다. 다른 사람과 비교하지 말자. 현재 상황에서 어떻게 즐겁게 지낼 수 있을까만 생각하자. 네덜란드의 역사가 요한 하위징아는 '놀이하는 인간'이라는 의미의 '호모 루덴스'를 주창했다.

프랑스 사상가 로제 카유아는 놀이를 '투쟁'과 '운'에 기초한 것으로 좀 더 세분화시켰다. 프랑스 사상가 파스칼은 인간 대부분의 업적은 무료함을 달래기 위한 행위에서 비롯했다고 말했다. 그는 인간이 동물을 잡기 위해 사냥한다고 보지 않았다. 시간을 보내는 심심풀이에 지나지 않는다고 했다.

낚시도 마찬가지다. 도박 역시 그렇다. 파친코 가게가 문을 열기 전부터 사람들은 줄을 서서 기다린다. 문이 열리면 온종일 기계 앞에 앉아 게임을 한다. 그래도 결과는 플러스마이너스 제로다. 나는 도박을 하지 않지만, 이런 관점에서 보면 하루 종일 도서관에서 자료를 찾는 것도 파친코와 크게 다르지 않을 수 있다. 모두 '인생'이라는 시간을 보내기 위해 심심풀이로 하는 행위인 것이다.

한 번 사는 인생, 무엇이든 해 보자

이렇게 말하면 신중하지 못하다고 화내는 사람도 더러 있다. 어떤 사람은 생명에 대한 모독이라고까지 받아들인다. 하지만 인생에는 반드시 해야 한다고 정해진 것이 없다. 가족이나 사회가 바라는 삶의 방식은 있을지 모른다. 그러나 절대적이지 않다.

사회가 특정한 삶의 방식을 원하는 이유는 사회에 도움이 되기 때문이다. 물론 우리가 사회 속에서 서로 협력하며 살아가고 있으므로 중요한 이유 중 하나이기는 하다. 하지만 결과적으로 그래야 한다는 말이지, 사회의 요구가 인생 제1의 목표일 필요는 없다. 내 인생은 나의 것이다. 미친 듯이 놀면서 살아도 된다. 나는 이러한 태도를 '놀기 지향주의'라고 부른다.

그럼 이 놀기 지향주의를 사고법에 활용하면 어떻게 될까? 먼저 무슨 일이든 좀 더 행복하게 할 수 있을 것이다. 어차피 심심풀이라면 내가 좋아하고 즐겁게 느끼는 쪽이 항상 옳기 때문이다. 무엇이든 더 재미있게 할 수 있는 방법을 생각해 보아도 좋다.

한 번밖에 없는 인생, 무슨 일이든 해 보자는 적극적인 태도 역시 얻을 수 있다. 행복한 삶을 사는 사람들은 모두 이렇게 말한다. "단 한 번뿐인 인생, 후회는 남기고 싶지 않아요"라고 말이다.

이 말은 누구에게나 해당된다. 우리는 삶이 단 한 번뿐이라는 사실을 잘 깨닫지 못한다. 놀기 지향주의는 그러한 사실을 깨닫게 하는 계기가 될 것이다.

그렇다. 오직 한 번뿐이라면 무엇이든 해 보아야 한다. 실패해도 괜찮다. 크게 실패했다 하더라도 내가 죽고 나면 아무도 그 실패를 기억하지 않을 것이다. 역사적인 사건조차 수천 년 후에는 사라질 것이다. 인생에서 가장 중요한 것은 현재를 사는 것이 아닐까?

<부록>

새로운 생각을 만들어 내는 열 가지 레슨

Lesson 1

대상의 특징을 정확하게 파악하는 동물 메타포

얼마 전 '동물 점'이라는 이름으로 사람을 동물에 비유하는 점이 유행한 적이 있다. 12간지도 마찬가지지만, 사람들은 왜인지 자신을 다른 동물에 비유하는 것을 좋아한다. 인간도 동물에 속하는데 말이다. 물론 인간은 원숭이나 침팬지와 가장 가까우므로 우리는 모두 침팬지와 닮았다고 말할 수도 있다. 별로 마음에 들지는 않지만, 그래도 다른 동물의 특징을 통해 인간을 설명할 수 있는 점은 중요하다고 생각한다. 예를 들어 늑대에게는 냉혹하게 다른 동물을 상처입히는 이미지가 있다. 여기에는 작은 동물들을 무자비하게 사냥하는 늑대의 특징이 스며들어 있다. 반대로 양에는 온순하고 얌전한 이미지가 있다.

이탈리아의 정치 사상가 마키아벨리는 이상적인 군주에게는 여우와 사자의 능력이 모두 필요하다고 말했다. 이 역시 '메타포'다. 여기서 여우는 '교활함', 사자는 '강함'을 의미한다.

이처럼 동물은 인간의 메타포가 될 수 있다. 각 동물이 서로 다른 고유의 특징을 갖고 있기 때문이다. 여기에서는 메타포를 사고법에 활용하는 방법에 대해 알아보자.

먼저 동물의 특징을 잘 파악한 후 사람은 물론 물건까

지도 동물로 비유해 보는 방법이다. 그러면 대상의 특징을 좀 더 정확하게 파악할 수 있다. 인상 역시 강하게 남는다.

앞서 언급한 '동물 점'은 생년월일에 기초해 사람을 동물에 비유한다. 이른바 동물로 라벨링을 하는 것이다. 마니아다운 동물까지 포함하면 셀 수 없을 정도로 다양하게 분류할 수 있다. 어쨌든 동물은 100만 종류 이상이나 있다고 하니 말이다.

덧붙이자면 나는 올빼미에 비유되는 것을 좋아한다. 올빼미는 '지식'의 상징이기 때문이다.

Lesson 2

극단적인 크기로 의외의 발상을 끌어내는 렌즈 사고

극단적으로 크거나 작은 채소들이 종종 화제가 된다. 사람도 마찬가지다. 우리가 알고 있던 것이라도 크기가 극단적으로 변하면 의미가 완전히 달라진다. 우리 머릿속에 이미 크기 개념이 들어 있기 때문이다.

크기 개념은 같은 문화권에서 공유되기도 한다. 일본에서는 오이나 토마토가 일반적으로 이만한 크기여야 한다고 정해져 있다. 그래서인지 가끔 극단적으로 크거나 작은 채소를 발견하면 큰 사건이 일어난 듯이 흥분한다.

이 현상을 사고법에 활용해 보면 어떨까? 렌즈를 바꿔 크기를 변화시키듯 무엇이든 크기를 극단적으로 만들어 보는 것이다. 이 사고법은 바로 렌즈 사고다. 렌즈 사고법으로 의외의 발상을 끌어내 일상을 좀 더 재미있게 보낼 수 있다.

머릿속 렌즈로 주변에 있는 물건을 크거나 작게 만들어 보자. 극단적으로 크기를 변화시키는 것이 포인트다. 컴퓨터를 손가락 크기로 만든다면 어떨까? 그렇게 작은 컴퓨터를 어떻게 사용할까? 음성으로 움직이게 하면 된다. 어쩌면 새로운 상품을 만들어 낼 수 있을지도 모른다.

크기가 달라지면 완전히 새로운 것으로 변한다. 고래

와 돌고래도 실제로는 그렇게 다르지 않다. 고래의 작은 버전이 돌고래일 뿐이다. 크기가 변하면 용도도 변한다. 이를 새로운 아이디어로 활용해 보자.

렌즈 사고의 포인트는 머릿속에서 크기를 얼마나 자유자재로 변화시킬 수 있는지에 있다. 18세기 초기의 명작 《걸리버 여행기》를 쓴 아일랜드의 작가 조나단 스위프트도 이 같은 렌즈 사고법을 활용했을 것이라 생각한다. 최첨단 시대를 살아가는 우리 역시 새로운 렌즈로 이 세상을 바라보아야 한다.

Lesson 3

서로 협력하여 골을 넣는 킬러 패스 습관

'킬러 패스'란 축구 경기에서 상대 수비를 예리하게 통과하는 패스를 말한다. 전혀 예상할 수 없는 각도에서 찔러 주는 킬러 패스 덕분에 슛으로 연결되기도 한다. 여기서 중요한 것은 정확한 타이밍이다. 물론 축구 외의 다른 스포츠에서도 킬러 패스를 할 수 있다. 하지만 킬러 패스가 필요한 분야는 스포츠뿐만이 아니다.

우리의 일상은 스포츠 게임과 비슷하다. 다른 사람들과 함께 살아가고 일하기 때문이다. '골'이라는 하나의 목적을 위해 서로 협력하듯이 말이다. 이때 우리의 행동은 패스와 닮았다. 프레젠테이션을 잘하지 못하는 후배에게 팁을 전달하면 좀 더 훌륭한 프레젠테이션을 만들어 낼 것이다. 여기서 팁을 전달하는 행위가 킬러 패스와 같다.

나는 킬러 패스를 습관화하기를 추천한다. 항상 스포츠 게임처럼 생각하면서 '어떻게 하면 동료가 골을 넣을 수 있을까?'를 고민하는 것이다. 여기에서 중요한 포인트는 습관화다. 골을 넣을 수 있는 기회가 언제 올지 모르기 때문에 항상 준비하고 있어야 한다.

여러분 중에는 축구를 해 본 적이 없어 킬러 패스를 언제 해야 할지 모르겠다는 사람도 있다. 하지만 킬러 패스는 축구를 전혀 할 줄 몰라도 가능하다. 어디까지나 상상이기 때문이다. 한 번이라도 축구 경기를 본 적이 있다면 누구나 쉽게 이해할 수 있다. 중요한 점은 내가 항상 주인공이어야 한다는 생각을 버리는 것이다.

축구뿐 아니라 모든 팀 스포츠에서도 항상 자신이 골을 넣으려고 하면 오히려 더 골을 못 넣게 된다. 팀으로 움직이기 때문이다. 직장에서도 마찬가지다. 꼭 내가 S급 스트라이커가 될 필요는 없다. 킬러 패스로 멋진 습관을 만들어 보자.

Lesson 4

비포-애프터로 사람들을 매혹시키는 마법화

미국의 텔레비전 드라마 〈아내는 요술쟁이〉나 평범한 소녀들이 초인적인 능력을 가진 프리큐어 로 변신하여 악한 세력과 맞서 싸우는 〈프리큐어 시리즈〉 같은 마법 애니메이션은 시대를 초월하여 전 세계의 아이들을 매료한다. 마법 때문에 이상한 사건이 벌어지는 것이 재미있기 때문이다. 하지만 단지 그 이유만은 아니다.

현실에서는 극적인 변화가 있을 때 마법처럼 아름다워진다거나 마법처럼 정리되었다고 말한다. 그런데 이때 이상하게도 정말 마법에 걸린 것 같은 기분이 들기도 한다. '마법'이라는 단어에 특별한 효과가 있는 것이 아닐까? 마법에는 문자 그대로 아주 멋진 힘이 있을지도 모른다.

그럼 마법화를 어떻게 사고법에 활용할 수 있을까? 먼저 극적인 변화를 강조하고 싶을 때 사용할 수 있다. 단순히 언어적 표현에 그치지 않고 실제 마법과 같이 이상한 현상을 연출하는 것이 가능하다.

이는 비합리적인 현상이 아니라 어디까지나 극적인 연출을 의미한다. 인간은 극적인 변화를 보면 정신을 빼앗기고 만다. 집을 고쳐 주는 러브 하우스류의 프로그램이나 메이크업, 성형, 가족 문제 솔루션 등 이른바 '비포-애프터'

가 확연히 드러나는 방송이 인기가 많은 것도 이 때문이다.

이때 '비포-애프터'의 차이가 사람들을 감동시킨다. 차이는 크면 클수록 좋다. 방송에서는 더욱 극적이고 자극적인 연출을 한다. 이 역시 마법화 사고의 일종이므로 비난할 필요는 없다.

인간은 누구나 완전히 다른 모습으로 변신하고 싶은 욕망을 갖고 있다. 그래서 '비포-애프터'를 보면 마치 자신이 변신한 것처럼 감동하는 것이다. 마법화는 이런 보통 사람들의 마음을 대변한다. 어쩌면 누군가의 꿈을 대신 이루어 주는 것과 다르지 않을 수도 있다.

마법을 활용한 이야기에는 신데렐라처럼 초라한 사람이 아름답고 황홀한 사람으로 변하는 형식이 많다. 이 형식을 이용하면 왕자뿐만 아니라 자기가 좋아하는 사람의 마음도 사로잡을 수 있을 것이다.

Lesson 5

현명하게 말하는 분노의 공적 사용

독일의 철학자 칸트는 '이성의 사적 사용과 공적 사용'이라는 개념을 말했다. '이성의 사적 사용'은 단어의 표현과 달리 공적인 분야에서 이성을 사용하는 것을 가리킨다. 이때 이성의 사용은 제한적이다. 반대로 '이성의 공적 사용'은 세상을 위해 이성을 사용하는 것으로 제한적이지 않다.

어려운 내용이지만 간단하게 말하면, 공적인 분야에서는 이성적으로 행동하고 세상을 향해 발언할 때는 자유롭게 마음껏 행동하라는 말이다. 나는 이 개념을 분노에 적용해 봤다.

먼저 분노를 사적 사용과 공적 사용으로 구분하자. 공적인 분야에서 분노를 표출할 때는 어떤 제한이 필요하다. 반면 세상을 향해 분노할 때는 제한될 필요가 없다. 직장에서 크게 화가 났다고 해 보자. 그래도 우리는 회사를 향해 화를 낼 수 없다. 하지만 이 세상에 화가 났다면 어떨까? 혁명을 일으킬 수도 있다!

나는 여러분이 분노의 공적 사용을 항상 염두에 두기를 제안한다. 세상의 모습에 화가 날 때는 확실히 화를 내자. 그렇게 자신의 의견을 이야기하자. 그렇지 않으면 이 세상은 목소리 큰 사람들이 원하는 방향으로만 가게 될 것이다. 대부분의 사람에게도 피해가 된다. 요즘에는 화내는 것이 별로 좋지 않은 일처럼 여겨진다. 하지만 그렇다고 가만히 있어서는 안 된다. 중요한 포인트는 '분노를 공적으로 사용하고 있는가, 그렇지 않은가?'다.

바르게 화를 내기 위해서는 머리를 사용해야 한다. 이렇게 보면 분노의 공적 사용은 사고법과 다르지 않다. 감정적으로만 화를 내면 자신은 물론 사회에도 마이너스로 작용한다.

예를 들어 회사의 부정행위를 발견했다고 하자. 이때의 분노는 사적 사용에 해당한다. 괜히 경솔하게 행동해서 회사를 망가뜨려서는 안 된다. 먼저 회사 내부의 감사 부서에 상담을 하자. 그러나 사회의 부정행위를 발견했다면 시위를 통해 자신의 의견을 당당하게 표현해도 된다. 그렇다고 소리를 지르거나 과격하게 행동하지는 말자. 냉정하게 자신의 의견을 논리적으로 주장하자.

Lesson 6

마몸(마음+몸)' 개념으로 이해하는 심신 동일론

프랑스 철학자 데카르트는 마음은 매우 특별한 것으로 신체와 구별된다고 말했다. 그러나 후세의 프랑스 사상가 메를로퐁티는 마음과 신체는 연결된 것으로 보았다.

나 역시 메를로퐁티의 의견에 동의한다. 왜냐하면 인간은 마음이 도대체 어디에 존재하는지조차 모르기 때문이다. 인간의 마음은 신경을 통해 신체와 연결된다. 아니, 불가분의 관계에 있다고 말하는 편이 더 맞다.

마음과 신체는 구별할 필요가 없을 뿐만 아니라 구분도 불가능하다. 마음이 우울할 때 몸 상태도 함께 안 좋아지는 것을 느낀 적이 있을 것이다. 물론 이 반대도 가능하다. 나는 오래전부터 마음과 신체를 하나로 보았다. 이를 가리켜 '마몸'이라고 불러 왔다.

마음과 몸을 같은 것으로 보는 '마몸' 개념이 널리 퍼진다면 일상도 크게 변화할 것이다. 예를 들면 신체검사에 마음 검사도 포함될 것이다. 어쩌면 마음으로 하는 스포츠도 생길지 모른다.

철학에도 영향을 끼칠 것이다. 보통 우리는 철학을 머리로 하는 학문이라고 생각한다. 하지만 반드시 그렇지만은 않다. 심신 동일론에 입각해 '마몸' 개념이 입증되면 철학에서는 신체 역시 생각하고 사고할 수 있다고 여겨질 것이다. 손과 발이 생각할 수 있다고!?

당연히 손과 발도 생각할 수 있다. 여러분도 어떤 생각을 할 때 자연스럽게 손가락을 까딱거린 적이 있을 것이다. 그때 그것을 의식하고 있었을까? 아마 그렇지 않았을 것이다. 뇌와 마찬가지로, 어쩌면 뇌보다 손이 먼저 생각했을지도 모른다.

이처럼 마음과 신체는 같다. 마음과 신체 모두 똑같이 중요하다. 만약 마음이 우울하다면 몸을 더 건강하게 만들어 보자. 반대로 몸이 아프다면 마음을 즐겁게 먹어 보자. 그러면 우울증도, 과로사도 사라질 것이다. 마음과 몸을 함께 신경 쓰자.

Lesson 7

강인함을 깨우는 고대주의

먼 미래나 우주에 대해 생각하는 사람은 매우 많다. 마찬가지로 아주 오래전의 고대에 대해 생각하는 사람도 많다. 나도 그중 하나다. 어릴 때부터 고대 이집트의 피라미드를 소개하는 다큐멘터리를 자주 봤다. 앞에서도 언급했지만, 공룡과 같은 고대 생물도 아주 좋아한다.

고대를 좋아하는 사람들은 모두 동경을 갖고 있다. 고대는 현대 사회와 달리 웅장하고 거대한 이미지가 있다. 고대인들은 느긋하게 시간을 보냈을 것만 같다. 사람들은 이런 부분에서 매력을 느끼는 것이 아닐까?

'미지의 세계에 대한 동경'이라는 점에서도 볼 수 있다. 같은 미지의 세계라도 고대는 미래나 우주와는 차이가 있다. 미래와 우주는 정말 존재하는지, 아닌지도 아직 알 수 없다. 그러나 고대는 과거에 실제로 존재했다는 점이 다르다.

정말 그런 시대가 있었다는 증거는 아직도 자주 발견된다. 그 증거를 발견하는 기쁨은 자기 존재의 뿌리를 확인하는 것과 매우 비슷하다. 아주 먼 옛날과 현재의 내가 연결되어 있다는 기분을 느끼는 것이다.

고대의 시점으로 무언가를 생각하면 아주 큰 틀을 가

질 수 있다. 동시에 어떤 사건이나 사물, 사람을 역사의 수레바퀴 위에 놓고 바라볼 수 있다.

우리는 고대가 '원시적'이라고 생각한다. 가치가 낮다는 말이 아니다. 영어로는 '프리머티브'라고 하는데, 이 단어에는 '기본적인'이라는 뜻도 포함되어 있다. 고대주의는 모든 것의 기본으로 되돌아가는 것을 의미한다. 현대인이 잃어버린 강인함에 집중하는 것을 의미하기도 한다.

고대인들은 신발 없이 맨발로 생활해도 아무 이상이 없었다. 하지만 우리는 맨발로 걸으면 금세 고통을 느끼고 만다. 결국 고대주의는 마음과 신체를 포함한 모든 영역에서 인간의 강인함을 되찾아 오려는 사상이라고 할 수 있다.

요즘에는 강인함을 '탄력성'이라고 부르며 매우 중요시한다. 이는 점점 약해져 가는 사회에 대한 위기감을 표현한 것이기도 하다. 지금이 고대주의가 가장 필요한 시점이다.

Lesson 8

명성과 실적을 한 번에, 비공식 사고

우리는 공식 기록, 공식 상품 등 '공식'이라는 말이 붙어 있으면 일단 안심한다. 공식이란 정식으로 인정받은 것을 말하기 때문이다. 그런데 재미있게도 우리는 '비공식'이라는 말에 더 끌린다.

비공식 정보에는 무언가 대단한 비밀이 숨어 있을 것 같다. 나 혼자만 알고 있다는 특별한 감정도 맛볼 수 있다. 비공식은 정식 단체나 권위자가 확인한 것이 아니다. 그래서 자극적인 정보와 내용이 포함되어 있기도 하다. 왠지 '언더그라운드'한 분위기가 풍긴다.

요즘에는 비공식적이지만 더 화제가 된 경우도 많다. 지역 캐릭터나 아이돌이 그 예다. 그들은 일부러 비공식적으로 활동하면서 더 많은 인기를 얻는다. 비공식이기 때문에 좀 더 과감하게 활동할 수 있기 때문이다. PR로도 연결된다. 공식적으로 인정받지 않고 비공식적으로 활동함으로써 인기를 얻는 것이다.

이를 사고법에 활용해 보면 어떨까? 공식적으로 인정받지 않고 비공식의 이점을 활용한다. 어떤 생각을 할 때도 두 측면에서 구분해 보는 것이다.

먼저 겉모습은 공식적이어야 한다. 예쁘게 만든다는

말이다. 형식주의와도 닮았다. 조금이라도 문제가 있어서는 안 된다. 내용보다는 형식이 더 중요하기 때문에 질적인 부분이 떨어지는 것은 어쩔 수 없다. 질은 포기하자. 대신 실제 이득을 가져가려면 비공식을 활용하면 된다. 그러면 잘 꾸며진 겉모습을 통해 좋은 평가도 받을 수 있으면서 안으로는 실질적인 이익도 얻을 수 있는 최상의 결과를 만들 수 있다. 바로 이것이 비공식 사고의 의의다.

'겉으로는 복종하는 체하면서 마음속으로는 배반한다'는 의미의 '면종복배'도 비공식 사고의 하나다. 형식을 따르면서 실질적인 이득도 챙겨 가기 때문이다. 예를 들어 겉으로는 상사에게 나쁜 소리를 듣지 않기 위해 시킨 일을 열심히 하면서 뒤로는 자기가 진짜로 하고 싶은 일을 진행하는 것이다. 이기기 위해서는 교활함과 현명함이 필요하다는 것을 잊지 말자.

Lesson 9
과거의 성공 경험을 활용하는 레거시 효과

'레거시'란 과거 유산을 의미한다. 어떤 일을 성공적으로 해냈음에도 불구하고 그 경험을 그냥 방치해 두는 것은 매우 아까운 일이다. 우리가 이룬 모든 업적은 어떻게 생각하느냐에 따라 그 성과를 영원히 활용할 수도 있고 아닐 수도 있다.

요즘은 대량 소비문화에 길든 탓인지 포장용 상자를 너무 쉽게 쓰고 버린다. 환경을 생각하면 절대 해서는 안 되는 일이다. 최대한 활용해서 이후에도 다시 사용할 수 있게 만든다면 좋을 텐데 말이다.

그래도 눈에 보이는 쓰레기에 대해서는 이미 그렇게 생각하는 사람이 많다. 그러나 형태가 없는 이벤트에 대해서는 아직 그렇게 생각하지 않는다. 일단 어떤 작업을 한번 하면 반드시 노하우가 축적되기 마련이다. 이를 레거시의 하나로 이후 비슷한 이벤트가 있을 때 활용하면 좋다. 있는 그대로도 괜찮고 응용할 수도 있다.

무형 문화유산이나 세계 유산까지 올라갈 필요도 없다. 먼저 자신의 활동을 레거시 시점에서 다시 바라보자. 그러기 위해서는 확실한 기록이 필요하다.

그렇다고 노트에 모든 것을 다 적을 필요는 없다. 대신 스마트폰을 이용해 사진을 찍어 두면 좋다. 그것만으로도 충분히 도움이 될 것이다. 그렇게 찍은 사진으로 가득 찬 갤러리는 레거시의 보물 창고가 된다. 보통 기념 촬영을 한 후에는 예쁘게 나왔거나 필요한 사진만 남겨 두지만, 레거시를 위한 목적이라면 닥치는 대로 모조리 찍기를 추천한다.

이러한 발상은 우리의 일상도 변화시킨다. 무슨 일이든 이후에도 활용할 수 있게 만든다는 관점으로 세상을 바라보게 되기 때문이다. 언제든 레거시를 사용할 수 있도록 정리하는 습관을 기르자. 그렇다고 완벽하게 정리할 필요는 없다. 적당히 해도 상관없다. 가볍게 정리하기는 별로 힘들지 않지만 절대적인 효과를 발휘한다.

나는 신문이나 잡지에서 어떤 기사를 읽고 그것이 필요하다고 생각되면 잘라서 상자에 넣어 둔다. 회의 자료도 같은 상자에 담는다. 인터넷 기사도 마찬가지다. 중요한 것은 자기가 확실히 아는 장소에 남겨 두는 것이다. 필요하면 언제라도 찾을 수 있게 말이다. 매일 확인해 볼 필요는 없으므로 이 정도만 해도 충분하다.

Lesson 10

뇌를 자극하는 비대칭화

요즘 비대칭 컷이 인기다. 예전이었다면 머리를 잘못 잘랐거나 혼자 머리를 자르다 실패했다고 생각했겠지만 지금은 패션으로 자리 잡았다.

우리는 비대칭적인 것을 보면 왠지 찝찝한 기분을 느낀다. 하지만 우리 인간도 비대칭이다. 오른쪽 얼굴과 왼쪽 얼굴의 모양이 다르고, 좌뇌와 우뇌의 기능도 다르다. 오른손잡이나 왼손잡이, 오른발잡이나 왼발잡이가 있듯이 좌우 손발의 기능도 약간 다르다.

오히려 좌우가 대칭적인 것이 더 이상하다. 마치 거울 두 개를 나란히 둔 듯한 부자연스러운 느낌을 받는 것이다. 그럼 무엇이든 비대칭적으로 생각하면 어떤 효과를 얻을 수 있을까?

여기에는 두 가지 장점이 있다. 하나는 각기 다른 두 가지 모습을 볼 수 있다는 점이다. 비대칭 패션을 생각하면 쉽게 이해할 수 있다. 재미있는 모습을 보면 기분 역시 좋아진다. 우리가 디자인에 신경 쓰는 이유도 그 때문이다. 비대칭 사고는 일상을 즐겁게 만드는 사고법이다.

다른 하나는 뇌가 활성화된다는 점이다. 좌우가 다른 것을 생각하면 뇌가 자극을 받는다. 이 부분이 가장 큰 장점이다. 비대칭 사고를 통해 뇌가 활성화되면 새로운 아이디어를 더 많이 떠올릴 수 있다. 더욱 창조적으로 생각할 수 있다는 말이다. 이처럼 비대칭 사고는 창조적인 사고법이다.

자극은 인간에게 좋다. 인간은 자극을 통해 살아간다. 주변에 있는 사물을 비대칭적으로 한번 바꿔 보자. 예를 들어 길이가 다른 연필이나 숟가락, 젓가락을 바꿔서 사용해 보는 것이다. 평범한 식사가 자극적으로 변하게 될 것이다. 자극을 받으면 식욕도 솟아난다. 아, 지금보다 식욕이 더 생기면 곤란한데….

일 잘하는 사람은 철학적으로 생각한다

초판 1쇄 인쇄 2020년 7월 8일
초판 1쇄 발행 2020년 7월 15일

지은이 오가와 히토시
옮긴이 조은아

펴낸이 박세현
펴낸곳 팬덤북스

기획 위원 김정대 김종선 김옥림
기획 편집 윤수진 정예은
디자인 이새봄
마케팅 전창열

주소 (우)14557 경기도 부천시 부천로 198번길 18, 202동 1104호
전화 070-8821-4312 | **팩스** 02-6008-4318
이메일 fandombooks@naver.com
블로그 http://blog.naver.com/fandombooks

출판등록 2009년 7월 9일(제2018-000046호)

ISBN 979-11-6169-120-6 (03320)